〔中学校〕通級指導教室担当の仕事スキル

「学びの保健室」となり
生徒に自信を育むコツ

川﨑 聡大 監修
三富 貴子 著

明治図書

監修の言葉

今回，本書の監修を担当させていただきました。「監修」と名前の付くような恐れ多い仕事ではなく，三富先生の歩みを皆様に伝えるためにほんの少し協力させていただいた形です。三富先生は私の尊敬する通級指導教室の（特に中学校では）パイオニアであり，スペシャルな先生であり，通級指導教室の専門性を独自のスタイルで確立された先生です。初めて三富先生とお話しさせていただいた時は「目から鱗」でした。過去を補填するための通級指導ではなく，未来を創造するための通級指導教室とはどうあるべきかを実践し体現されている先生だと確信しました。

まず，本書を通じて通級指導教室の仕事がいかに素晴らしいものであるか，ぜひ多くの方に知っていただきたいと思います。ついで，「中学校時代」というライフステージの一つの中で通級指導教室がどのように位置付いているのかを考えていただけると幸いです。一つ重要な点は三富先生のやり方・方法をそのまま模倣しても（当たり前ですが）よい結果は得られないということです。通級指導教室も学校における子どもの幸せを実現するためのリソース（資源）の一つであり，それぞれの地域，また一人一人の児童・生徒によって求められるものは異なるからです。学校は医療や療育の現場ではありません。ぜひ，この本を通じて（特に通級指導の先生におかれましては）方法の前提として存在する「コンセプト」に目を向けていただき，まず，その地域その場所に応じた通級指導の在り方を考える材料にされることをおすすめします。

通級指導教室にはそれこそ地域性や学校の事情も含めて様々な役割が求められますが，「教育の現場」であることが大前提にあることは言うまでもありません。方法論だけをなぞるのではなく，実際にその場で三富先生が発揮されてきた「思想」「思考」「実践力」を読み取っていただき，読まれた方が抱える教育現場とその現状に照らし合わせて活用されることを願っています。

通級指導教室は，日々刻々と変わりうる教育課題に即応できる重要な教育リソースの一つであると確信しています。換言すれば「その学校の通級指導教室の在り方を見れば，学校の（特に管理職の）特別支援教育やインクルーシブ教育の考え方が分かる（その考えが反映される）」と言っても過言ではありません。残念ながら，その大事なリソースを特別支援学校あるいは特別支援学級と通常の学級の間の安全弁かのような位置付けにしてしまっているところもあります。通級指導教室の神髄は明日の教育に資するところにあって，うまくいかない教育制度を補完する，過去を補填するものではありません。一人でも多くの方にその点に気付いていただければと願っています。

三富先生の歩まれた足跡が「三富先生独自のスタイル」から「(中学校通級指導の在り方として）一般化された一つのスタイル」となることを願ってやみません。きっと三富先生自身も「○○先生だからできる」はお好きではないと思います。当たり前のこととして子どもの権利が守られ，通級指導教室が学校全体の特別支援教育やインクルーシブ教育を示す指針となり，学校全体の見本となりうる，教育資源であろうとされた結果である，と私はこの本を読んで感じました。

最後に，学習面の躓きはライフステージが上がるにつれてその原因は多様化し，一人一人の困り感とその背景に応じてオーダーメイドな取り組みが必要となります。「学習の困り感」だけでなく学習への自信の喪失が学校生活全般に及ぼす二次的影響を念頭に置いておく必要があります。中学校，また高校通級が真に子どもたちにとって資する教育資源としてより一層発展することを願ってやみません。

監修者　川﨑　聡大

はじめに

中学校通級誕生

平成19年度に埼玉県で初めて中学校に発達障害・情緒障害通級指導教室が設置され，県内に３校できた中学校通級のうちの一つが本校の通級指導教室です。何もかもが新しく，生徒たちが使う机すらない状態でスタートしましたが，たくさんの方々のお力添えをいただき，次年度には環境が整いました。

同年，本校は文部科学省指定研究開発学校として研究委嘱を受け，３年間にわたる研究が始まりました。全ての生徒を通常の学級に在籍させ，ニーズに応じて校内のリソースを活用して指導するという今までにない取り組みにチャレンジしました。その３年間で私たちが感じたことは「校内リソースが充実していれば，制度の狭間で苦しむ生徒を救うことができるかもしれない」という小さな希望でした。

管理職に守られた通級

研究が終わった時，校長先生が先生方を集めてこう仰いました。

「研究が終わったからといって特別支援の仕組みを元に戻すことは生徒のためにならないのではないか？　できるならこの仕組みを維持したい」ということでした。先生方も同じような考えでしたので，可能な限り校内リソースを柔軟に活用できるような支援体制を残すよう努力しました。

学校には人事異動があり，先生方も転勤していきます。研究開発学校の時期に一緒に働いていた先生は，私を含めたった２人になってしまいました。人が替われば学校も変わります。支援体制を維持するということは，口で言うほど簡単なことではありません。しかし，研究の時と同じ支援体制が，現在まで17年間途切れることなくずっと継続されているということにはちゃんとした理由があります。その大きな要因は管理職のリーダーシップにあります。本校の歴代の管理職の先生方が，特別支援教育に対して深い理解を示し，支援のバトンをつないでくださっているのです。

学びの保健室としての通級

日本の教育では「チョーク＆トーク」と呼ばれる一方通行・座学中心の授業が一般的で，学び方が合わない子どもたちに対して「怠けている」「努力不足」と決めつけ，その存在を認めようとはしませんでした。「勉強は書くことが当たり前，書かなければ認めない」という言葉をどれだけ聞いてきたか分かりません。しかし，時代は変わりつつあり，エビデンスに基づいた指導方法が確立されてきています。生徒１人１台のタブレットの配付も個別最適化の学びに追い風になりました。

本校通級の特色として「学びを諦めさせない」という開設当初からの強い理念があります。「勉強ができなくてもいい」と思っている子は一人もいないと生徒の側で感じてきたからです。通級を担当するようになってから，その子に合った学び方を追求するということがライフワークになりました。

子どもや学校の実態に合わせる

ここに挙げる様々な指導事例はあくまで本校での取り組みであり，本校に在籍している生徒たちに合わせて考えてきた指導です。そっくりそのまま使えるとは限りません。目の前にいる子どもたち，保護者，先生方と対話しながらオーダーメイドで新しい実践を作り上げて欲しいと思います。

著者　三富　貴子

CONTENTS

各教科のアイディア教材スキル

自尊感情を高めるスキル

発達障害・情緒障害通級指導教室が設置され，筆者が担当するようになって行ってきた指導のスキルと思いを全て，本書に込めました。

手に取ってくださった熱心な通級指導教室担当の先生に一つお願いがあります。

難しさがあり，通級指導教室に通う子どもたちが，日頃多くを過ごすのは通常の学級です。ここで取り上げた多くのアイディアは，通常の学級の先生と共に行ってこそ役立つものばかりです。

ぜひ，本書のアイディアを通常の学級の先生と共有してください。

目の前の子どもたちのために，本書が役立ちますことを願っています。

第1章

中学校
通級指導教室担当の
仕事の心得

01

子どもの声を取り入れる

ターニングポイント　～ある生徒さんとの出会い～

本校に通級を開設して17年が経ちました。

埼玉県初の中学校通級ができるという時に，特別支援学級の担当から通級指導教室担当へ異動となりました。

開設当初の私は，何をしたらよいのか分からずに，私自身の思いや考えを生徒たちに押し付けたり，理不尽な指導をしたりしていたので，たちまち指導がうまくいかなくなりました。

その時，生徒たちの気持ちを丁寧に教えてくれたのが，通級に在籍していたある生徒さんでした。私自身，目から鱗がきれいに落ち，生徒と対話をすることの大切さに気付かせてもらいました。そこが私の指導が変わるターニングポイントとなりました。

その生徒は今，本校通級の支援員として一緒に働いてくれています。そして，昔と変わらず先生と生徒をつなぐ架け橋となってくれています。

ターニングポイントを忘れることなく，今でも指導を続けていられるのは，その支援員さんのおかげだと思っています。

主人公は誰ですか？

生徒の人生において，主人公は生徒本人です。周囲の大人の様々な思惑はあるかもしれませんが，まず優先されるのは本人の気持ちや考えです。

本人の意思を確認するために，定期的に本人と話し合いをする時間を設けています。中学生の時期は思春期真っ只中であり，自分の考えを表明することをためらうことも多くあります。だからこそ，入学してすぐに生徒本人から話を聞く機会を設定しています。早い段階から「あなたの意思を尊重します」というメッセージを伝え続けるのです。

話し合いを積み重ねていくうちに少しずつ信頼関係が生まれてきます。

「僕たち，私たちのことを大人が勝手に決めないで！」生徒たちはそう思っています。

生徒から話を聞く機会

本校の通級では，生徒たちとの話し合いの機会を多く設定しています。

まずは生徒の話を聞き，他者との折り合いをどうつけていくか考えていきます。環境を調整する役割を通級が担っていると考えているからです。

保護者の思い，先生方の思いはいろいろあるとは思いますが，スタートは生徒本人を真ん中にして考えたいのです。

❶年度末に次年度の希望を聞く（3月中旬）

年度末から次年度のクラス編成が始まります。学級での居心地をよくするために，クラス編成に代表されるような環境調整を行います。全ての希望を叶えることは約束できませんが，生徒自身が持っている思いや考えを丁寧に聞くことで不安を軽減させることができます。

小学校6年生にも年度末に聞き取りシートを渡しておき，記入できる部分は書いて提出していただいています。

【聞き取りシートで聞く項目】
・クラスメイトのこと　・担任のこと　・学校生活のこと
・合理的配慮のこと　・座席のこと

❷個別の指導計画立案

個別の指導計画立案の際に，私たちが最初に話を聞くのは生徒からです。生徒の思い，希望，願いを実現するためにどうするかを一緒に考える話し合いの場に生徒自身がいないということはあってはならないことだと思います。

「自分に個別の指導計画があるなんて知らなかった」と言う生徒が結構います。誰のための計画なのかということを今一度確認する必要があるのではないでしょうか？

❸学びのカルテ作成 （p.36～37参照）

個別の指導計画をもとにして，学びのカルテを作成していきます。カルテを作成している時の生徒の表情はなぜかとても明るく，生き生きとしています。できるようになる，分かるようになるための作戦会議みたいに捉えているのかもしれません。

学校の中に自分のことを理解してくれる先生がいるという安心感は，学校生活の基盤となります。

❹子どもの人権を一緒に学ぶ

子どもは大人から理不尽な扱いを受けていたとしても「自分が悪いから仕方がない」と思っていることが多いように感じています。

子どもは自分の人権について何も知りません。それは誰も教えてくれないからです。叩かれても，暴言を吐かれても，その行為が人権侵害とは感じていないのです。

過去の嫌な記憶はトラウマになっている場合もあります。安心できる人とでないと話すことができないかもしれません。そのためにも，子どもの人権（子どもの権利条約）を学ぶ機会は大切だと考えています。

❺いじめを受けた時の対応

通級にはいじめを受けたことがあると答える生徒が多くいます。いじめの訴えがあった場合，すぐに「いじめを受けたあなたを守ります」というメッセージを被害生徒に伝えます。「いじめ被害者の人権を徹底的に守ります」という姿勢を見せ，どんなことがあってもいじめを許さないという風土づくりは結果的に学校を守ることにつながります。

学校でいじめが検知されると，関係する生徒から話を聞くことになっていますが，生徒一人一人の特性に応じた聞き取りの手立てがなされているかということが重要なポイントとなります。

・話しやすい雰囲気（場所・聞き手）
・生徒の特性に応じたツールの準備（コミック会話等）
・本人と共有するいじめ報告書の作成・提出

話したことが認められ，尊重されるという経験をしていないと，生徒たちは話をしたことを後悔するようになります。「先生に話さなければよかった」「時間が無駄だった」という負の体験にならないよう細心の注意を払う必要があります。

話を聞き続ける先にあるもの

生徒自身の気持ちや考えを聞かれる機会が設定され，意思が尊重されるという体験を義務教育の終わりまでに丁寧に積み上げていくと，場面は限られますが，自分の考えや思いを言葉にして伝えることが少しずつできるようになってくると感じています。

生徒たちの話を聞き続ける先にあるもの，それは「自分の考えを相手に伝えることができる」ということです。３年間という長い時間をかけ，対話をする練習をしているのです。

02

学級担任と子どもをつなぐ

40人学級!!　一人で担任する激務

先進国と言われている国の中で，１クラスの人数が圧倒的に多い日本。

狭い教室いっぱいに机が並び，子どもたちがひしめいています。心理的にも居心地がいいと言えない教室の中で，日々起こるトラブルの全てを担任が把握することは不可能に近い至難の業だと思っています。

生徒の近くにいる通級の先生

通級担当は神出鬼没。どこにでも行きます。

生徒の近くにいなければ分からないことがたくさんあります。

朝も８時から通級の教室を開け，生徒たちの困りごとの対応をしています。

❶クラスに入り込む

中学校では，朝と帰りの学活，給食，担当する授業以外，学級担任は自分の教室に行くことはあまりありません。

担任のいない時間にトラブルは起きるので，本人，担任からの依頼があれば，通級の支援員が教室に入り込みをしています。

支援員は，生徒たちとのコミュニケーションを十分に取って支援を行い，必要があれば誰でも助けてくれるので，クラスの生徒たちは信頼してくれています。

❷授業に入り込む

技能４科と言われている美術，音楽，保健体育，技術家庭科ではグループ活動が多く，生徒たちが苦手としている作業課題を出されることもあるので，生徒たちから入り込み希望が多い教科です。

また，教科担当の先生からの入り込み支援の依頼も多く，大きな集団の中で通級の生徒が安心して授業に参加できるように，教科担当と一緒に教材を準備したり，手伝ったりしています。

技能四科の先生方は，学年を超えて生徒を受け持つことが多く，通級在籍の生徒以外の配慮が必要な生徒たちの実態を把握しているので，定期的に情報交換をしています。

❸行事に入り込む

全校に関わる大きな行事としては体育祭，音楽会があります。

全校生徒600人を超える大規模校なので，全校一斉に動くとなるとかなり大変です。「いつ，どこで，誰が，何を，どう支援する」ということを綿密に計画していないとうまく支援ができません。

大きな行事の時には本人，担任のニーズを聞いて指導案のようなシートを作成し，全員が共通理解できるようにしています。

裏方として黒子に徹する

通級担当は黒子です。表に出て目立つことはありません。

生徒たちや担任が安心して活動できるように，裏で調整したり，さりげなく準備をしたり，水面下で動いています。

行事が終わると「お世話になりました！」と通級に報告に来てくださる担任の先生がいます。練習から当日の動き等々，生徒の様子を楽しそうに話してくださる担任の先生の姿を眺めながら「今年もちゃんと黒子として働けたかな？」と一人反省会をしている通級担当です。

03

保護者と子どもを取り持つ

思春期真っ只中の子どもたち

口を開けば「うぜぇ」「黙れ」。いつからこんな状態になるのでしょうか？

子どもたちも昨日今日こうなったわけではありません。少しずつ分かることが増え，今まで気付かなかったことに気付き始めた結果でもあり，反抗期は成長の表れでもあるのです。

しかし，毎日暴言を吐かれたり，理不尽な振る舞いをされたりする方はたまったものではありません。こんがらがった感情のもつれを一つ一つ解きながら緩めていく作業も通級担当の仕事の一つだと思っています。

生徒からの訴えが多い内容は下記のように多岐にわたっています。

- ゲーム時間のこと
- 勉強のこと
- 整理整頓のこと
- 配付物を親に渡せないこと
- 兄弟のこと
- 起床や就寝時刻のこと
- 金銭的なこと
- 異性関係のこと

感情を解いていく手順

❶生徒の思いを聞く

ここでも話を聞くのは生徒が先です。まずは生徒の思いからスタートさせます。

話し合いの中で最も多く出てくるのが「言っても無駄」とか「先生に話したことを怒られる」ということです。

確かに，家庭内のプライベートな内容なので，第三者に介入されることは気持ちのよいことではありません。保護者が怒るのも当然です。しかし，お互いがいがみ合って生活する不快感から，生徒は精神的に不安定になっていきます。

私たちは時間をかけて「対話すること」を教えています。

親子でも同じです。うまく折り合いをつけていくには，まず相手と冷静に話をしなければなりません。話し合うことに背を向けていては何も進まないのです。じっくり親子の対話について考えていきます。

例【よくあるゲーム時間の攻防】

生徒の思い	保護者の思い
ゲームが唯一のストレス発散だからやらせて欲しい	ゲームばかりしていて勉強を全然やらないからゲームを取り上げたい

⇩

〈確認していること〉
・ストレスはどうして溜まっているの？
・ゲーム以外のストレス解消方法はある？
・勉強の方法は合っている？
・宿題は出せている？

❷保護者の話を聞く

生徒から聞き取った内容を保護者に伝えます。伝え方にはコツがあります。

保護者の置かれている状況を把握する

日頃から連絡が取れていて状況が分かっている場合はよいですが，仕事が忙しかったり，家庭の事情があったりして，うまくやろうとしても難しい場合もあるということを念頭に置いて話す必要があります。

教員目線からの直球なアドバイスは，かえってこじれる場合がありますので要注意です。

生徒の思いを簡潔に伝える

「○○さんはこう思っているようです」とシンプルに伝えます。そして子どもと対話することの重要性を保護者に伝え，折り合いをつける方法を一緒に検討していきます。

双方にとってメリットとなる取り組みを具体的に提案する

予め生徒と話し合っておいた内容を提案し，具体的に実施が可能かを保護者と検討します。

ここまで対話が進んでいれば，生徒と保護者が直接対話をすることも可能になることが多いようです。

❸お互いの確認事項を書面化する

保護者から聞き取った情報を生徒に伝えます。保護者の気持ちを第三者から伝え聞くことで冷静に受け止めることができるようです。

双方の思いを汲み取り，確認したことを書面化します。

例〈確認したこと〉
・ストレスを減らすための環境調整をする（クラス，部活等）
・自分に合った勉強方法を試す（タブレットの使用）
・宿題は通級のプリントを持ち帰り取り組む
・保護者のいる時間に学習に取り組む

・定期テストで目標の点数を取れるようにする
（抽出受検等，合理的配慮の実施）

❹経過観察をする

最初のうちはうまくいっても，時間が経過すると少しずつ元の状態に戻っていくことがあります。定期的に生徒から話を聞き，状況確認をしています。

高校生になっても続く相談

「通級に行って相談しておいで」と保護者から言われて来たという卒業生が結構います。親子の問題は，関係が近いからこそ解決が難しく，大変なのだと思います。

中学校を卒業した後，このような相談をする場も少なくなってしまうので，中学校在籍中に相談できる場をいくつか作っていくようにしています。

【相談できる場】

・医療機関　　・医療機関関連の相談センター
・高校のカウンセラー　　・高校の養護教諭　　・高校の通級　等
（地域差があると思います）

日本は中学校卒業後に相談ができる場所が本当に少ないと思います。

家庭内で何か起きたとしても，相談することも，支援を受けることも，頼ることもできない。教育や福祉に関して脆弱な社会の仕組みが，子どもたちの未来の夢や可能性を潰してしまわないかと心配しています。

本校通級では生徒が25歳になるまで，できる限り連絡を取り合っています。中学校を卒業してから起こるアクシデントに対応できる場所がないからです。卒業の時に「何かあった時は通級においで」と伝えて生徒たちを送り出しています。

■□■コラム

個別の教育支援計画・個別の指導計画・学びのカルテ どう関連しているの？

個別の教育支援計画とは

特別な教育的支援を必要とする児童生徒一人一人のニーズを正確に把握し，乳幼児期から学校卒業後までを通じて一貫して的確な教育的支援を行うことを目的として作成されます。

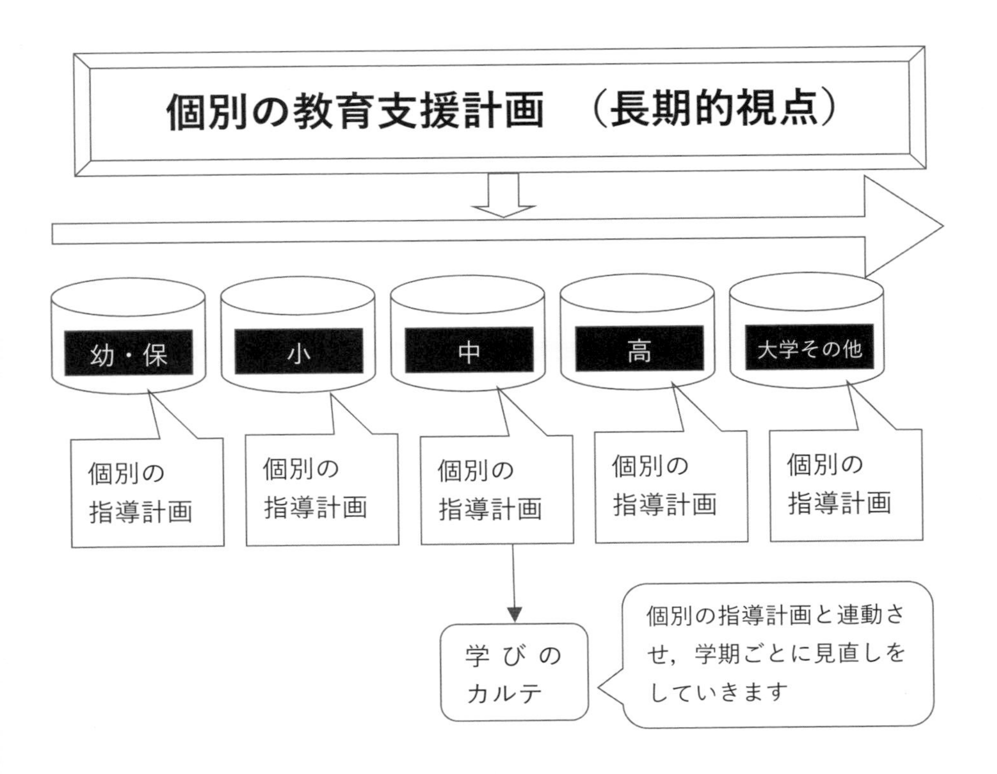

家庭，地域及び医療や福祉，保健，労働等の業務を行う関係機関との連携を図り，長期的な視点で児童生徒への教育的支援を検討していきます。

個別の指導計画とは

個々の児童生徒の実態に応じて適切な指導を行うために学校で作成されるもので，本人，保護者の願い，ニーズを具体的な支援・指導に反映させるための計画です。

個別の指導計画と学びのカルテの関連

個別の教育支援計画，個別の指導計画に基づき，生徒自ら作成しているのが「学びのカルテ」です。

生徒たちは子どもの権利条約を学び，自分自身が持つ権利や守られるべき人権について知っています。自分のことは自分で決めていいことや個人の特性に合った合理的配慮を受ける権利があるということも併せて学んでいます。自分に合った学びを具現化するツールとして「学びのカルテ」があるのです。

個別の指導計画を立案する際も生徒たちと対話しながら作成していますが，より詳しく，生徒目線の具体的な支援方法が明記できる「学びのカルテ」は生徒たちにとってなくてはならないものになりました。

指導の根幹

この本の中に「学びのカルテ」の記述がたくさん出てきます。

それだけ「学びのカルテ」が指導の根幹に関わる重要なツールになっています。中学校卒業までに，生徒たちが「学びのカルテ」を使って，自分の気持ちや考えをはっきりと相手に主張できるようになってくれることを願っています。

第2章

中学校
通級指導教室担当の
指導スキル

4月
入学式に参加するために予行練習をする

中学校は怖いところ？

小学校と中学校では指導体制が大きく変わり「中１ギャップ」と言われる大きな壁が現れます。「中学校の先生は怖い？」「部活の先輩は怖い？」等々，子どもたちは漠然とした不安と闘っているようです。

万全な準備をする

❶クラス編成のチェック

学級編成は各小学校で行われています。小学校から提出された学級編成案を組み合わせるのは中学校の仕事です。引継ぎ資料や個別の指導計画等を学年担当と共有しながら，人間関係等で配慮すべき点を再確認しておきます。この作業をしっかりしておくことでトラブルを未然に防ぐことができます。

❷入学式のリハーサルをする

入学式は練習ができないので，本番一発勝負になります。入学式でどのようなことが行われるのかが分からないと，不安が強くなり登校渋りにつながる可能性があります。そこで，通級では入学式前日の午後にリハーサルを行うことにしました。担任との顔合わせや下駄箱，教室の位置，トイレの場所，入学式会場となる体育館の場所等を事前に確認していきます。

リハーサル終了後は質疑応答の時間を設け，保護者の不安も聞き取ります。保護者も不安でいっぱいなのです。

安心して入学式に参加するために

4／8(火)は富士見中学校の入学式の日です。
ぼくは中学1年生になります。ぼくのクラスは
1－1です。

入学式までにやること　　クラス発表は12：00からです

①クラス発表を確認し、自分の名前を見つける。
②自分の『げたばこ』の中にくつをしまって
　うわばきに　はきかえる。
③4階の自分のクラスに行く。
④決められた席に座って静かに待つ。
⑤先生の話をよく聞く。
　ぼくの担任の先生は

森先生
困った時は助けてあげるからだいじょうぶ！

担任の紹介

従来であれば，入学式前に担任の公表はできませんでした。しかし，入学する生徒のことを第一に考えた管理職から公表の許可が出ました。

入学式前に学年主任，担任，養護教諭と顔合わせができたので安心感が生まれました。

※森先生の顔回りの楕円は，見る場所を限定し，注目を促す支援です。

リハーサルの始まり

入学式リハーサルは，通級開設年度に通級1期生として入学した一人の生徒のために行われたのが始まりです。

その生徒は小学校時代不登校で「中学校に行きたくない」と訴え，入学式への参加が危ぶまれていました。そこでみんなが知恵を出し合い考えたのが入学式リハーサルです。

幸いなことに担任との相性がよく，見通しが持てたことにより不安が軽減され，無事入学式に参加することができました。

生徒のその後はというと…不登校は解消され，高校，大学へと進学し，今現在，本校通級の支援員として働いています。

対象　SOSが出せない

4月
通級ガイダンスで援助の求め方を教える

入学後のギャップを埋める

３月まで小学生だった生徒たちが４月から急に中学生になるのは，かなり至難の業です。一番戸惑っているのは生徒たちです。それぞれの学校文化の違いを理解するためにも，一つ一つ丁寧に説明していく必要があります。

学校生活を送るサバイバルスキル

❶時間割の揃え方

小学校の時より各教科で使用するものが多くなり，自力での整理整頓が難しい生徒が続出します。ロッカーの大きさも，持ち物の量も小学校とは違うので，中学校のロッカーのサイズに合わせて収納しなくてはなりません。

教科ごとに必要な教科書，ノート，ファイル，資料集，評価カード等をまとめ，カラーゴムでくくります。帰りの会が終わった時に，次の日に使う道具をカゴに入れて揃えます。

クリアファイルに入れてから100円ショップで売っているカラーゴムを使いまとめています。

道具のまとめ方

❷忘れ物をした時

忘れ物をする確率が高い通級の生徒たち。過去の経験から，忘れ物をすると怒られるまでがセットになっているので必要以上に強い不安を持っています。早い段階で「誰にでもうっかりはあるから，忘れ物をしたら通級に来て借りる」ということを教えておきます。強い叱責で忘れ物は改善されません。

❸授業の受け方

それぞれのスキルを「忍法」に見立ててユーモラスに伝えます。

感覚過敏のある生徒にとって，教室内の大きな音は，頭が痛くなるほど辛いようです。

授業中に「音が辛い」ということを先生に分かってもらうために，合図を決めておきます。

忍法　聞かないふり

困った時はいつでも助けるよ

通級ガイダンスで生徒たちに一番伝えたいことは「いつでも助けるよ」という担当からのメッセージです。

失敗してもいい…困った時には通級に来て欲しい。困っていなくても気分転換にふらっと来てもいい。学校の中で自分が自分らしくいられる場所を学校内に提供したいと思っています。学校の中に安全基地があることを早めに認識してもらうために，入学後すぐに通級ガイダンスを行っています。

03 対象 不安が強い・コミュニケーションが苦手・計画立案，実行が苦手

4月
全ての生徒が修学旅行を楽しめるようにする

3年間の学びの集大成

宿泊行事の集大成である修学旅行。今までに学んだスキルを総動員して挑みます。本人が楽しむことが一番大事です。対話しながら学習していきます。

修学旅行を楽しむためのスキル

❶行きたい場所をピックアップ

【手順】徹底的に調べる

・旅行雑誌を見たり，ネット検索をしたりして，自分の興味関心のあるスポットを探します。
・「行きたいところリスト」を作成し，パワーポイントを使ってプレゼン資料を作成します。
・通級の後輩にプレゼンします。

❷持ち物チェック表

生徒に配付されるしおりは意外と読みにくく，持ち物もイメージできずに保護者が困る場合が多いように思います。

通級では生徒が自力でパッキングできるように，イラストや写真を使用して作成した「持ち物チェック表」を準備しています。各学年の宿泊学習でも同じように作成しています。

持ち物　※薬が必要な人は、チャック付きビニール袋に入れ、飲み方を書いた紙をつけて先生に渡す。

サブバッグ（当日）				ドラムバッグに入れる（発送）		風呂用袋に入れる お風呂にすぐ入れるように分けて	
ななめがけができるバッグがいいですね。				ペットボトル 500ml	2	1日目　2日目	
しおりガイドブック		レジ袋	2	ジャージ上下	2	体育着	2
筆記用具		財布		ワイシャツ・ブラウス	2	ハーフパンツ	2
弁当	1	お小遣い（15,000円以内）		ハンドタオル	2	下着	2
ペットボトル	1	副食（食べきれる量 500円程度かな）		ポケットティッシュ	2	靴下	2
折りたたみ傘	1	カットバン		体温計（必要なら）	1	バスタオル	1
ハンドタオル	1	薬（2日分＋予備）		歯磨きセット　くし	1	体を洗うタオル	1
ポケットティッシュ	1			タオル　4～5枚		レジ袋　汚れ物入れ	3
ウェットティッシュ	1			予備の下着、靴下	1		

持ち物チェック表

❸不安が強い生徒への秘密兵器　マイフェイバリットブック

修学旅行に「本を持っていってはいけない」というルールがある学校が多いように思います。なぜなら一人の時間を作らせないためです。せっかく旅行に行くのだから誰かと関わりを持ちなさいということでしょうか？

しかし，ASD 傾向のある生徒等，一人の時間が必要な生徒もいるのです。そこで「通級特製マイフェイバリットブック」を作成しました。不安な時に好きな「推し」を眺められる状況を作り，不安を解消するスキルです。

全ての生徒が楽しめること

誰かといることが必ずしも楽しいわけではありません。その子なりの楽しみ方があるのです。集団と個のバランスを上手に取りながら，全ての生徒が楽しむことができる修学旅行を目指したいものです。

04

5月
保護者会＆担任者会
生徒のためにみんなで協働する

合同開催から個別面談形式へ

通級開設当初からずっと保護者会と担任者会は合同で実施していました。

しかしここ数年，コロナ禍の中，一堂に集まって会議をすることができなくなったこともあり，個別に対応することにしました。大勢の中で話し合いをするよりは，個別面談形式の方が落ち着いて話ができるので，個別面談形式を継続しています。

優先されるのは生徒の気持ち

❶生徒のニーズを聞く

前年度（３月）のうちに「来年度に向けての希望」を聞き取っておきます。保護者にも知っておいて欲しいことがあれば保護者に連絡します。また，新年度のクラス編成を行っている学年の先生方にも情報を伝えます。

❷保護者のニーズを聞く

新年度の GW 明けに保護者面談を行います。保護者の不安が高まる時期でもあるので，丁寧にニーズを聞き取ります。具体的な支援方法がイメージできない場合もあるので支援リストを提示しながら検討します。

生徒と保護者のニーズが違う場合もあります。生徒の気持ちを代弁し，できるだけ生徒の希望を優先させるように話し合いを進めています。話し合った内容は「学びのカルテ」に記入していきます。

通級指導教室での支援リスト

	困難なこと	通級で可能な支援例
学習面	教科書を読むことが難しい	ルビ付き教科書(英語・国語)の配布
	ノートを書くことが難しい	通級プリントの配布
	提出物を出すことが難しい	教員、支援員による声かけ
	テストを受けることが難しい	個室での個別対応 (LD傾向の場合) 読み上げ支援
	授業の参加が難しい	通級での抽出指導 授業参加レクチャー
	体育の実技	支援員による入り込み支援
	テスト勉強ができない	計画書作成 テスト対策プリントの配布
	作文が書けない	フォーマットを使っての書き方指導
	自主勉、宿題ノートが出せない	通級プリントの配布
	勉強の仕方がわからない	自分の特性を知り、自分に合ったプリントを使用する。
生活面	整理整頓が難しい	教員、支援員による声かけ 片づけ方のレクチャー

通級のスタッフでできる可能な限りの支援方法を列挙しています。

リストから支援を選び，個に合わせるためにカスタマイズしていきます。本人の願いをできるだけ叶えるようにしています。

支援リスト

❸生徒・保護者のニーズを担任に伝える

生徒，保護者から聞き取ったニーズを「学びのカルテ」を使って担任に伝えます。口頭で説明するだけでなく，話し合いの過程が記録に残っているカルテを見せる方が確実に情報を共有できます。また，教科担当にも知っておいてもらいたいことは，コピーして渡しておくと漏れがありません。

❹個別の指導計画に反映させる

生徒，保護者，担任と通級担当で話し合ったことは「学びのカルテ」に記入されています。その内容を個別の指導計画にきちんと反映させます。

よりよい話し合いを生む工夫

まず，生徒本人のニーズが優先されるような話し合いのシステムを作り出すことが重要です。誰のための話し合いなのかという原点に立ち返ります。話し合いの時に「何について話し合うのか？」が明確でないと方向性がぶれてしまうこともあるため，「学びのカルテ」が必要になります。

05

5月
個別の指導計画を立案する

個別の指導計画を見たことがない?!

中学校に入学してきた生徒や保護者に「個別の指導計画を見たことはありますか？」と尋ねると「いいえ」という答えが返ってくることがあります。

そもそも誰のための指導計画でしょうか？　支援を受ける本人や保護者が知らない間に作成された計画。そして耐火金庫の奥にしまわれて見ることもない。そうならないように，年度はじめの職員会議で説明しておきます。

個別の指導計画の重要性を知らせる

❶法的拘束力がある

2017年に告示された学習指導要領に，特別支援学級や通級による指導を受ける児童生徒についても「個別の指導計画」や「個別の教育支援計画」を作成する義務があると書かれています。

❷合理的配慮との関連

個別の指導計画には「合理的配慮」について記入する欄があります。この欄に記入されたことについては必ず行うことになります。「できません」という言い訳は通用しないのです。

❸学びのカルテと連動させる

個別の指導計画の提出は５月の中旬になっています。それまでに生徒，保

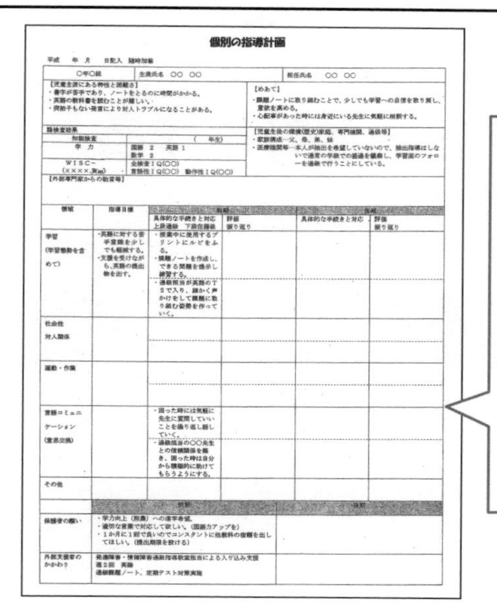

個別の指導計画

平成　年　月　日記入　随時加筆

○年○組	生徒氏名　○○　○○	担任氏名　○○　○○

【児童生徒にある特性と困難さ】
・書字が苦手であり、ノートをとるのに時間がかかる。
・英語の教科書を読むことが難しい。
・突拍子もない発言により対人トラブルになることがある。

【めあて】
・課題ノートに取り組むことで、少しでも学習への自信を取り戻し、意欲を高める。
・心配事があった時には身近にいる先生に気軽に相談する。

諸検査結果

知能検査	（　年生）
学力	国語 2　英語 1 数学 2
WISC-（××××.実施）	全検査IQ(○○) 言語性IQ(○○)　動作性IQ(○○)

【児童生徒の環境(歴史)家庭、専門機関、通級等】
・家族構成…父、母、弟、妹
・医療機関等…本人が抽出を希望していないので、抽出指導はしないで通常の学級での適応を観察し、学習面のフォローを通級で行うことにしている。

【外部専門家からの助言等】

領域	指導目標	前期 具体的な手続きと対応 上段通級　下段在籍級	前期 評価 振り返り	後期 具体的な手続きと対応	後期 評価 振り返り
学習 (学習態勢を含めて)	・英語に対する苦手意識を少しでも軽減する。 ・支援を受けながら、英語の提出物を出す。	・授業中に使用するプリントにルビをふる。 ・課題ノートを作成し、できる問題を提示し練習する。 ・通級担当が英語のT2で入り、細かく声かけをして課題に取り組む姿勢を作っていく。			
社会性 対人関係					
運動・作業					
言語コミュニケーション (意思交換)		・困った時には気軽に先生に質問していいことを繰り返し話していく。 ・通級担当の○○先生との信頼関係を築き、困った時は自分から積極的に助けてもらうようにする。			
その他					

	前期	後期
保護者の願い	・学力向上（就農）への進学希望。 ・適切な言葉で対応して欲しい。(国語力アップを) ・1か月に1回で良いのでコンスタントに他教科の宿題を出してほしい。(提出期限を設ける)	
外部支援者のかかわり	発達障害・情緒障害通級指導教室担当による入り込み支援 週2回　英語 通級課題ノート、定期テスト対策実施	

個別の指導計画書式

本校の通級の個別の指導計画は担任，通級担当の支援が１枚のシートで書き分けられる書式になっています。Ａ４サイズ１枚のシートに必要な情報が全て網羅できるようにしています。あまり細かくたくさんの情報を入れるとかえって読んでもらえません。

護者，担任，通級担当とで「学びのカルテ」を作成していますので，カルテと連動させながら指導目標や支援方法を検討していきます。約１か月間かけてじっくりと個別の指導計画を立案していることになります。

❹アップデートしていく

年度当初に立てた計画ですから，生徒の実態に合わない場合もあります。生徒の実態に合わせて支援方法を変更する場合等，随時計画の書き換えをしていきます。合わない計画を無理にそのままにしておく必要はありません。

学期ごとに見直しをする

保護者面談が行われる夏，秋，年度末に個別の指導計画を見直すようにしています。そうすれば耐火金庫の中にしまいっぱなしはなくなります。

06

5月
「学びのカルテ」を子どもと作る

学びを諦める子どもたち

中学校に入学してきた生徒たちに勉強のことを聞くと，多くの子が暗い表情になってしまいます。「勉強は苦手」「漢字が書けない」「算数が苦手」等，ネガティブな話題がたくさん出てきます。「勉強が嫌だと思ったのはいつ頃から？」という質問をすると，決まって小学校の低学年の時期という答えが返ってきます。そんな生徒たちと「学びのカルテ」を一緒に作ります。

学びの特性を知る

❶自分の強みを見つける

学習をするにあたり，自分の得意な部分，苦手な部分を知っているということは大きな意味があります。通級に通う生徒たちは，小学生の頃に個別に知能検査を実施しています。できれば10歳までに自分の特性を知っておいて欲しいと思います。なぜなら，大人と一緒に学びの方略を考えることで，安心して学習に取り組むことができるようになるからです。

「みんなと同じにできない」「自分だけ分からない」という経験を小さい頃にしてしまうと，学ぶことを諦めてしまいます。中学校に入学してからでは遅く，意欲を取り戻すのに膨大な時間がかかってしまいます。

❷合理的配慮を受ける権利

生徒たちには合理的配慮を受ける権利があるということを教えていきます。

自分の特性に合わせて学習をするために必要な支援，教材等を自らが考え選んでいくことは，今後のためにも必要な学習です。

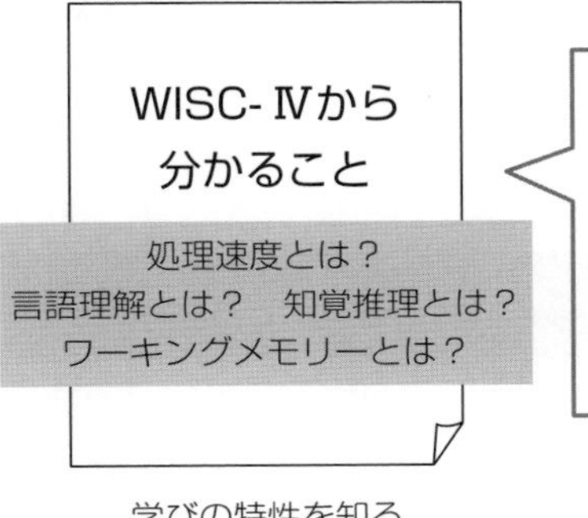

ウェクスラー系の知能検査は本人が自分の知的発達側面に気付くきっかけの一つです。数値だけでなく，生活実態と照らし合わせて読み取る必要があります。

学びの特性を知る

必要とする
合理的配慮

教科	助けてもらうこと
国語	提出物・ノート・テスト
数学	提出物・ノート・テスト
理科	提出物・ノート・テスト
社会科	提出物・ノート・テスト
英語	提出物・ノート・テスト

	実技	提出物
音楽		
技術		
家庭科		
体育		
保健	提出物・ノート・テスト	

中学校で一番困る提出物やノートテイクについて細かくニーズを聞いていきます。テストについては，感覚過敏等の影響により，受検会場を別室にする場合もあるので，しっかりと確認しています。

必要な合理的配慮

高校へ引き継ぐ

高校でも支援や配慮を求めることができるようにという私たちの思いから，中学を卒業する時に学びのカルテを持ち帰るか生徒に確認します。しかし，多くの生徒は「自分で高校の先生に伝えるから大丈夫」と答えてくれます。

中学校３年間という時間の中で，生徒たちは自分の特性を理解し，支援の求め方を身に付けてくれたのだとほっとする瞬間でもあります。

対象 不安が強い・整理整頓が苦手・計画立案，実行が苦手

6月
宿泊行事に向けて準備する（1年生）

主体的に動けるように育てる

私は特別支援学級の担任をしていた時から，３年間を見通して宿泊学習の事前学習をするように学習内容を組み立てていました。３年間学習を積み上げていくと，修学旅行の際，教員はほとんど指示を出すことがなくなります。自分でしおりを見て動けるようになるのです。

宿泊の見通しを持たせる

❶通級事前学習

通級は異年齢の生徒たちが学習する場です。先輩たちが作ったパワーポイントの資料や通級事前学習ノートを活用して，宿泊学習で何をするかの大枠を把握しておきます。先輩たちのアドバイスは具体的で，生徒たちの不安を取り除いてくれます。

❷生徒用しおりの読み込み

実行委員会が立ち上がると，生徒作成版のしおりが配付されます。あくまで生徒たちが作るしおりなので，完成が遅くなったり間違ったりすることもあります。しかし，通級で事前学習をしているので大きくずれることはありません。いつ，誰が，どこで，何を，どうするか？をしおりから読み取り，通級事前学習ノートに記入していきます。

❸パッキングスキルを伝授

実は，パッキングスキルは一生使えるスキルでもあります。具体的なイメージを伝えるために写真を使った資料を提示して説明していきます。１年生はスタートの時期でもあるので，ビニール袋を駆使したパッキングスキルを伝授します。ビニール袋は100円ショップで買い揃えられます。

宿泊荷物の上手なつめかた(例)

中学校時代に宿泊を伴う行事が数回あります。きちんとパッキンググッズを準備し、指導すれば、回数を重ねるたびにパッキングが上手になっていきます。必ず生徒自身がパッキングをすること! そうでないと、何がどこにあるのかわからずに困るのは生徒達です。『やればできる子、やらなければできない子』少し手間はかかりますが、将来の見通しを持って今何をするかを考えていきましょう。

		アドバイス	
		ドラムバッグを用意します。 高校生になってもずっと使えるので 中学校の時に準備して使いこなせるようにしておきましょう。 ドラムバッグの良いところは、口が大きく生徒が物を入れやすいということです。	
		入浴する時間は短く、生徒達はあたふたしてしまいます。 あらかじめ、宿泊する日にち分の袋に、下着、体を洗うタオル、体育着、ハーフパンツ、汚れものを入れるビニール袋等を入れておきましょう。 すぐに袋を持って風呂場に行くことができます。忘れものをふせぐことができます。	

パッキング例

ドラムバッグを持ち合わせていない場合もあるので，通級で貸し出しも行っています。

将来的には自分のバッグを購入して使いこなせるとよいと思います。

宿泊学習のポイントは不安を取り除くこと

生徒たちにとって，１年生の宿泊学習は初めてのことでとても不安が強い行事となります。いかに見通しを持たせ，不安を解消，軽減させるかがポイントです。生徒たちの話に丁寧に耳を傾け，できる限りのお手伝いをするスタンスで一緒に学習を進めていく必要があります。

１年生の時の成功が，２年生，３年生へつながっていくのです。

対象 計画立案，実行が苦手・勉強の仕方が分からない

6月
定期テストの対策をする

テスト勉強の仕方が分からない

小学校までは単元ごとにテストがありますが，中学校に入学すると，単元テストの他に定期テストがあります。学習する内容も多く，難しくなりますので，生徒たちはテストに対して強い不安を持ってしまいます。

定期テストに向けての準備

❶範囲表を確認する

テスト範囲が一覧表になって配付されます。教科書，ワークのどこから出題されるかを読み解くためにじっくり読み込む必要があります。また，その表には提出物の範囲や提出期限についての情報も書かれているので，あまりの情報の多さにうっかり見落としてしまうこともあります。

通級では，全学年の範囲表を入手し，提出物の期限を確認しています。市販のワークで対応が難しい場合は，通級の教材を使う場合もあるので，教科ごとに細かい調整をしています。

❷学習計画表を書く

学年から配付される学習計画表は，書く欄が狭く，記入しづらいこともあり，生徒たちはとても苦戦していました。そこで，通級で簡易学習計画表を作成し，生徒たちに取り組んでもらいました。

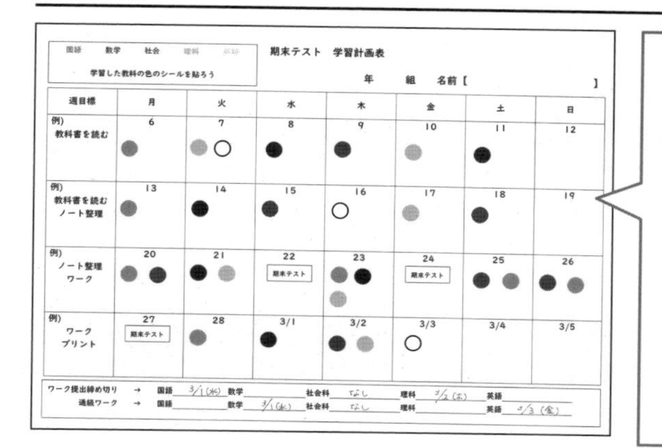

国語　数学　社会　理科　英語

学習した教科の色のシールを貼ろう

期末テスト　学習計画表

年　組　名前【　】

週目標	月	火	水	木	金	土	日
例）教科書を読む	6	7	8	9	10	11	12
例）教科書を読む ノート整理	13	14	15	16	17	18	19
例）ノート整理 ワーク	20	21	22 期末テスト	23	24 期末テスト	25	26
例）ワーク プリント	27 期末テスト	28	3/1	3/2	3/3	3/4	3/5

ワーク提出締め切り　→　国語 3/1（水）　数学　社会科 なし　理科 3/2（木）　英語

通級ワーク　→　国語　数学 3/1（水）　社会科 なし　理科　英語 3/3（金）

学習計画表

　1週間ごとにやるべきことを大まかに決めておきます。取り組んだ教科ごとに色の違うシールを貼っていくので，取り組みのバランスが一目瞭然で分かるようになっています。

　プリントにはラミネートをかけて保護しています。

❸通級に提出物チェック表を貼っておく

　誰が，何を提出しているかがすぐに把握できるように，チェック表を拡大コピーして教室に貼り出しています。複数の目でチェックすることで提出漏れを防ぎます。できれば生徒自身が未提出に気付き，自分から提出してくれるとよいのですが，中学校の段階ではまだまだ難しいようです。

　不思議なことに，生徒たちは高校に進学すると自力で課題を提出できるようになっていきます。携帯電話のリマインダー機能を使ったり，タブレットを活用したりすることでうまくいっていると卒業生が教えてくれました。

義務教育時代が一番大変

　みんな同じ方法で学習することが平等であり，特別なことは「ずるい」と言われてしまう傾向が強い義務教育時代。多様な生徒たちが在籍していて，学び方も様々なのに一律同じ方法を強制されてしまいます。特に読み書きに関しては理不尽な扱いを受けているケースが未だに多いような気がします。

「私たちの教え方で学べない子にはその子の学び方で教えよう」という上野一彦先生の言葉が学校に広がることを願っています。

6月
テストの受け方を一緒に考える

定期テストで実力が発揮できない

小学校までは単元ごとにテストを行い，問題，解答を同じ紙に書くスタイルのテスト形式でした。生徒たちにとっては混乱することなく解答しやすいテストの形だったと思います。しかし，中学校でのテストは，問題用紙と解答用紙が別になっており，解答をどの欄に書いたらよいのか分からない等，生徒たちにとっては苦しいテストになっています。

努力が報われるような工夫

❶教科担当と連携する　～数学科との連携～

教科担当と通級担当が話し合い，基本的な問題をピックアップしたプリントを作成します。それを繰り返し学習することで自信をつけ，理解の定着を図ります。

❷テスト予告問題を作成する

テスト範囲が発表された後，教科担当がテストに出る問題を予告します。予告プリントは全生徒に配付されています。

そのプリントをもとに通級では，解き方のヒントが書かれている学習プリントを作成します。問題数も少なく計算スペースもたっぷり取ってあります。

❸出題順も重要なポイント

予告問題の順番と本番の出題順は同じにしてもらっています。出題の順番が違うと不安になり混乱してしまう生徒がいるからです。

❹一人一人のテスト受検方法を検討する

通級作成の予告問題プリントをやっている時は問題が解けているのに，実際のテストとなると結果が出せない生徒がいました。そこで，通級の時間にＡ４サイズの紙に１問ずつ問題を提示するスタイルで問題を解かせてみました。すると，ほぼミスすることなく問題を解くことができました。

出題の量が多くて混乱してしまうタイプの生徒には，出題量のコントロールが点数アップの重要なポイントとなってきます。

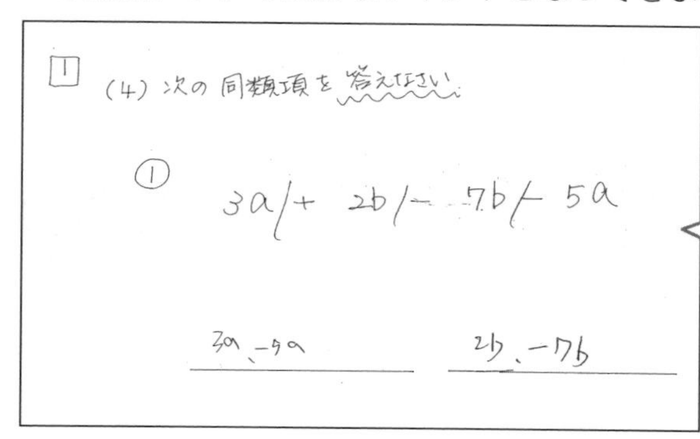

１問１シート

１問１シートで受検を実施。前回のテストの点数の倍以上の点数が取れました。

生徒は「問題数が多いと混乱して諦めてしまう」と話していました。

高校入試時の合理的配慮へつなげる

高校入試の際，中学校で実施されていない配慮や支援は受け入れてもらえないことが多いようです。中学校の定期テストの際，可能な限りできる支援はしておいた方がいいと思います。理解の問題ではなく，テストのやり方が合わないだけなのかもしれません。地域ごとに高校入試時の合理的配慮も違いますので確認が必要です。

6月
提出物が出せるように課題の量を調整する

提出物をなぜ出さないのか？

「提出物が出せなくて困っている」という相談をよく受けます。

中学校に進学して課されるワークのページ数の合計を知っていますか？

なんと，各教科合計すると200ページを超えることもあるのです。

文字を書くことが難しい生徒たちからすると「提出物を出さない」のではなく「出せない」と理解する方が妥当だと思います。

出せそうな雰囲気を作る

❶課題の量を調節する

膨大な量の課題を見て「できる気がしない」と生徒たちはよく言います。想像してください。「200ページを超える量のワークを利き手ではない方の手で筆記具を持ち書くこと」を。記憶することはおろか，疲労困憊で効率的に勉強できるとは思えません。

まずは，取り組む内容の質と量を吟味することが重要です。

一律同じ課題を課すことの無意味さにそろそろ気付いて欲しいと思います。

❷提出期日を遅らせる

生徒たちに期日の延期を提案すると「１週間延ばして欲しい」という答えが返ってきます。本人が希望した期日なので，提出率が高くなるようです。

❸通級スタッフが把握する

課題提出期間となると，通級では課題提出チェック表が作成されます。

生徒たちは自分で課題を出したかチェックをしていきます。そこでは友達同士で助け合って課題に取り組む姿も見られます。

スタートは通級スタッフが動きますが，学年が上がるにつれ，最終的には友達同士の支え合いが課題提出に影響しているような気がします。

高校生になると提出物が出せているので，中学生の今はできなくても，成長とともにできるようになっていくと思います。

出せない苦しさを理解する

教室に課題を提出していない生徒の名前を貼り出す…よくあることだと思います。先生方からすれば大したことじゃない。むしろ丁寧な指導だと感じているかもしれません。

しかし，できなくて困っている生徒たちからすると，とても恥ずかしくて，悔しくて，悲しくて，辛いことのようです。

最初から「怠け」と決めつけないでください。生徒たちは心を閉ざし，学ぶことを諦めてしまいます。

ここでやるべきことは，生徒に寄り添い，生徒の話をしっかりと聞くこと。「大変だね」「苦しかったね」「どうやったら提出できるか一緒に考えよう」と一歩踏み出すステップを用意すること。提出物を出せなかったことを生徒のせいにしないこと。教師ができることは何かを考えること。これらのことは，全てのことに共通していることだと思います。

私たちは教師です。生徒たちをできるように，分かるように導くのが仕事です。特に宿題をやろうという気持ちがありながら結果としてできない子どもたちに対しては，少し時間をかけて一つ一つ丁寧に説明する必要があります。そこで先生も「その宿題は必要か？　効果があるのか？」と考え直して欲しいのです。

7月
宿泊行事に向けて準備する（２年生）

上級生としてのプレッシャー

２年生になると課題も増え，求められることが増えていきます。自力でできるようにしつつも，支援の質と量をコントロールしていきます。

しおりを使って主体的に行動する

❶通級事前学習

１年生の時と同じように，行事全体を大まかに把握するために通級事前学習を行います。２年生になると生徒たち自身が計画立案をしなくてはならないこともあるので，係決め等の注意点（自分の特性に合った仕事を選ぶことができているか）を予め伝えておきます。

❷生徒用しおりの読み込み

生徒作成のしおり

生徒作成のしおりは完成までに時間がかかるので，先に通級の事前学習ノートを使って見通しを持ちます。生徒用が完成したら，大事なところに付箋を貼ります。

❸パッキングの確認

生徒たちは何がどれくらい必要か（例えばジャージ，体育着は何枚必要か等）おおよその数を捉えることが苦手です。このことは，イメージすることが苦手なこととリンクしているような気がします。そこで，何を何枚，何個必要なのかを具体的な数を提示して確認します。家にあるもの，新しく購入しなければならないもの等，保護者に伝えなければならないこともあるので，必要なことを個別に確認して保護者にプリントを渡すようにしています。

❹ジャージ，体育着の貸し出し

ほとんどの生徒は，ジャージや体育着を洗い替えとして２組購入しています。しかし，金銭的な事情等で買い揃えることが困難な家庭もあります。

宿泊行事で体育着をパッキングしてしまうと，授業で使う体育着が足りなくなってしまう場合もあります。洗い替えが十分に揃っているか，授業で着る体育着があるかどうかを確認しておく必要があります。

何でも当たり前に物が揃うわけではありません。困っている生徒がいないか見届けることが大切です。

生徒には様々な事情がある

様々な理由により，生徒が自力で宿泊の準備をすることができない場合もあります。宿泊に必要なものを「買って欲しい」と親に伝えられない生徒たちも中にはいるのです。準備ができないことを叱責するのではなく，生徒との対話を重ねながら「どうしたらできるのか」を一緒に考えて欲しいのです。

公教育はセーフティーネットであるべきです。どの子も安心して宿泊行事に参加できるよう，丁寧で温かな配慮が必要です。

12 対象 不安が強い・問題解決が苦手

7月
職場体験学習に安心して参加する

中学校に入学したばかりなのに?!

まだ小学生気分が抜けていない1年生の夏休み中に，本校では職場体験学習が設定されていました。職場体験に出すには，様々なスキルを指導しなければなりません。

私自身が特別支援学校の高等部に勤務していた経験もあり，現場実習に出る時の実習ノートが職場体験にも使えるのではと思い，参考にしながら職場体験事前学習ノートを作成しました。

1冊で全てを網羅する

❶事前打ち合わせ

1 実習先の名前や住所

行き先 [　　　　　]

住所 [　　　　　]

電話番号 [　　　　　]

担当してくださる方のお名前

[　　　　　]

自分で実習先に電話をし，打ち合わせの日程を決めます。
・実習先がどこにあるのか？
・連絡先の電話番号は？
・担当者は誰か？　等
調べておくべきことをピックアップしておきます。

打ち合わせ確認

❷実習中の生活について

実習中の生活リズムは，学校生活とは違います。職場のリズムに合わせるために事前に生活を見直します。

途中，アクシデントがあった場合の対応もしっかりと教えておきます。

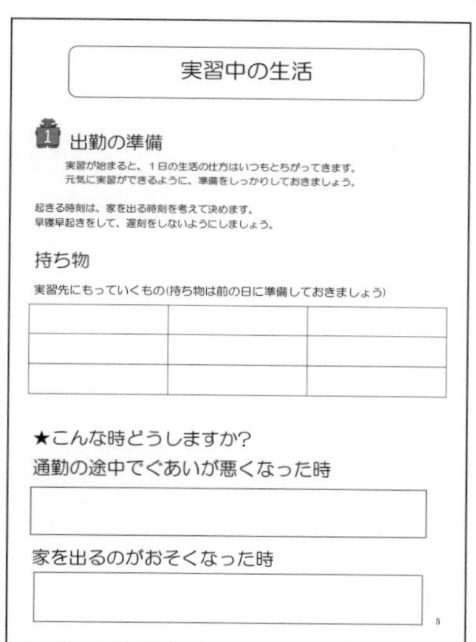

実習中の生活

1 出勤の準備

実習が始まると、1日の生活の仕方はいつもとちがってきます。
元気に実習ができるように、準備をしっかりしておきましょう。

起きる時刻は、家を出る時刻を考えて決めます。
早寝早起きをして、遅刻をしないようにしましょう。

持ち物

実習先にもっていくもの(持ち物は前の日に準備しておきましょう)

★こんな時どうしますか?

通勤の途中でぐあいが悪くなった時

家を出るのがおそくなった時

5

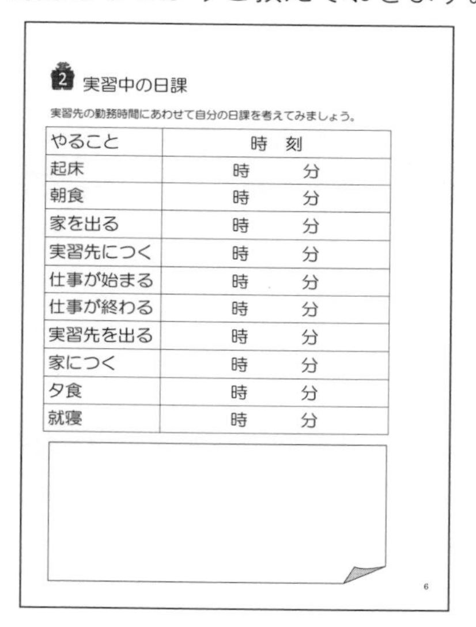

2 実習中の日課

実習先の勤務時間にあわせて自分の日課を考えてみましょう。

やること	時　刻
起床	時　　分
朝食	時　　分
家を出る	時　　分
実習先につく	時　　分
仕事が始まる	時　　分
仕事が終わる	時　　分
実習先を出る	時　　分
家につく	時　　分
夕食	時　　分
就寝	時　　分

6

実習時の生活について

❸実習後の振り返りが大切

学校外での体験学習は生徒たちにとって貴重な体験です。実習後も目標が達成できたか事前学習ノートを使ってまとめを行います。

職業選択のきっかけになるケースも

介護施設で職業体験学習をしたある生徒さんは，高校卒業後，現在介護士として働いています。中学校で体験したことが夢となり，現実となりました。

早い段階で働くイメージを持つということは，通級の生徒たちにとってはよいことの方が多いような気がしています。

9月
体育祭から不安をなくす

体育祭は苦しみがいっぱい

通級の生徒たちは，体育祭の時期になると表情が暗く，疲れてイライラしながら来室します。理由を尋ねてみると「運動が苦手」「騒がしいのが嫌だ」「集団圧力が疲れる」等，この時期の学校生活の苦しさが読み取れます。

体育祭を知る

❶活動の内容を説明

小学校の運動会と中学校の体育祭ではかなりの違いがあります。中学校の体育祭について細かく丁寧に説明する必要があります。そして説明後に，出場の可否について聞き取りをします。出場を無理強いして，学校生活を不安にさせることは避けなければなりません。担任，保護者と連携を取って話し合いを進めます。

❷練習日程の見通しを持たせる

参加ができるとなった場合，練習日程を事前に知らせます。急な日程変更が苦手な生徒たちもいるので，見通しが持てるようにすることは大切な支援です。特に放課後の練習は体力的に負荷がかかるので，体調や精神状態を考慮して調整する必要があります。

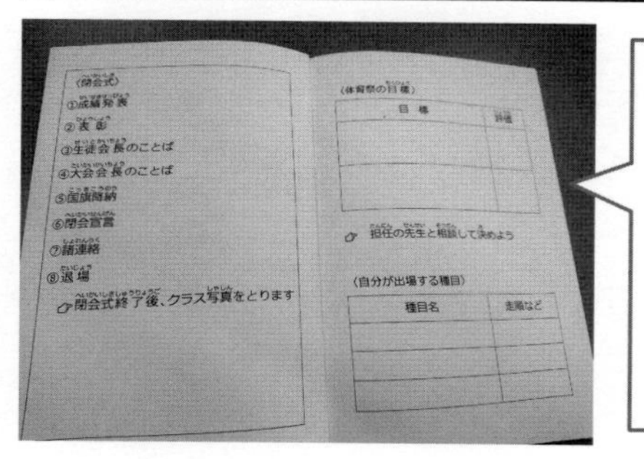

〈閉会式〉
①成績発表
②表彰
③生徒会長のことば
④大会会長のことば
⑤国旗降納
⑥閉会宣言
⑦諸連絡
⑧退場
☞閉会式終了後、クラス写真をとります

〈体育祭の目標〉

目標	評価

☞担任の先生と相談して決めよう

〈自分が出場する種目〉

種目名	走順など

体育祭がどのような流れで行われるか，1日の予定を説明します。

自分がどの種目に出場するか，また何番目に走るかなど，細かな情報も記入しておきます。この冊子があれば，体育祭のことはほぼ分かります。

〈練習予定〉

日にち	全体	学年やクラス
5/ 7(火)		
5/ 8(水)		
5/ 9(木)		
5/10(金)		
5/13(月)	全体練習　B日課	
5/14(火)	体育祭予行　（5・6時間め）	
5/15(水)	体育祭予行　B日課	
5/16(木)	放課後練習　B日課	
5/17(金)	前日準備	
5/18(土)	体育祭　本番	

体育祭の練習日程を事前に知らせておくことは非常に大切です。特に放課後の練習はクラス別だったりするので担任との確認が必要です。予定外の練習が組まれることもあるので記入しておきます。

❸助けて欲しい方法の確認

参加したいけど不安も大きいという生徒がいます。その不安を持ち続けて練習をしていくと，不安が強くなり練習に参加できなくなってしまうことがあります。最初の段階から細かな調整が必要です。

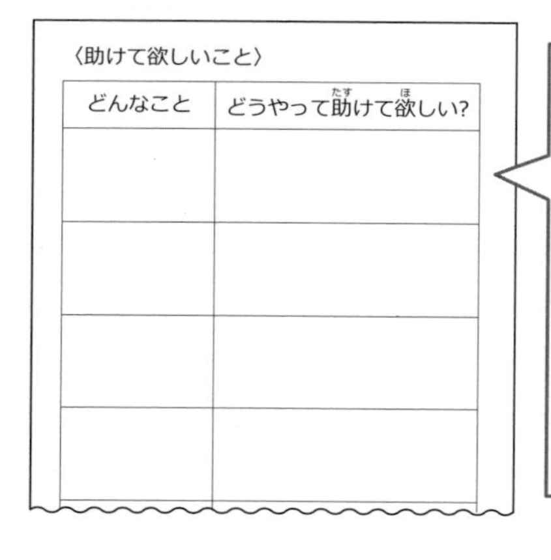

〈助けて欲しいこと〉

どんなこと	どうやって助けて欲しい？

生徒一人一人の希望を叶えるために，細かい部分まで聞き取っていきます。

例えば「リレーのバトンパスで，どのレーンにいたらよいか分からないからバトンゾーンに先生がついていて欲しい」とか，「台風の目で高くジャンプができないから後ろにいさせて欲しい」とか，不安なことを調整していきます。

❹当日の避難場所の確保

体育祭当日はクラスのみんなと同じ場所に座って見学をするのですが，教員の目が届かない時間帯もあり，人間関係に不安がある生徒たちにとっては居心地が悪い場合があります。

通級では，毎年１年生の座る場所の後方にレジャーシートを敷き，場所を確保しています。そこには必ず通級の教員が待機しているので，何かあった場合すぐに対応ができます。

熱中症予防のために麦茶の提供も行っています。水筒を忘れてしまった生徒たちが遠慮することなく安心して水分補給ができるよう準備しています。また，お弁当を食べる場所に困ったら通級でお弁当を食べることもできます。

当日困った時に駆け込む場所を予め説明しておくと安心材料が増えます。

❺持ち物の確認はマスト

「当日何を持っていけばいいか分からない」という不安を解消するために持ち物リストを作成しています。チェックボックスを付けているので，カバンに入れたらチェックしていきます。できるだけ自分で準備して欲しいのですが，保護者の助けが欲しい部分もあるので，事前にお知らせしています。

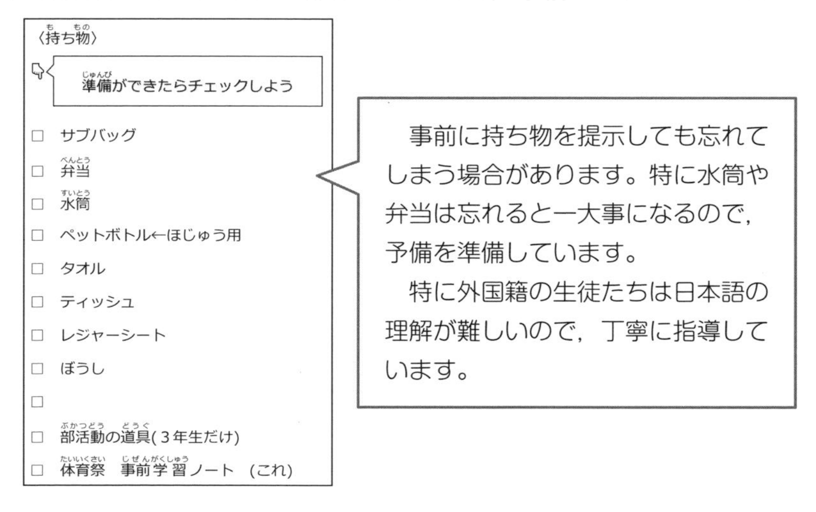

❻大きな声で怒鳴らないで！

大勢の生徒たちを一斉に動かす時，大声で怒鳴る先生はいませんか？

大きな声が苦手な生徒たちにとって，先生が怒鳴る声は恐怖でしかありません。しかも自分はきちんと行動している場合，感情は怒りに変化します。一度そのような体験をしてしまうと，再び練習に参加することは難しくなります。そこで，練習の時から大声で指示を出して生徒を動かさないということを，体育科の先生方にも共通理解してもらいます。ではどう指導するのか？

大きな声を出さずとも，下の写真のカードを生徒たちに見せるのです。見せた途端に生徒たちの行動はさっと変わりました。視覚情報の提示です。

体育祭のような広い場所で行う行事では，たくさんの音が行き交います。人の声，雷管の音，大音量の BGM，放送委員のアナウンス，招集係の声，応援の声等，先生自身も大きな声を出さないといけないと思いがちですが，音の調整が難しい聴覚過敏の生徒たちにとっては地獄のような場所になってしまいます。どうか怒鳴らない体育祭を作り上げてください。

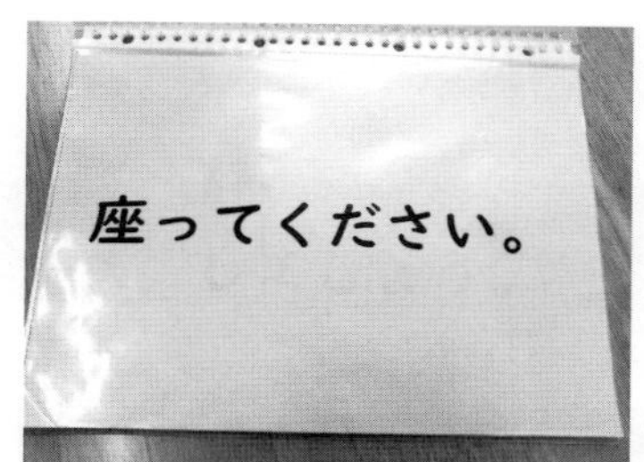

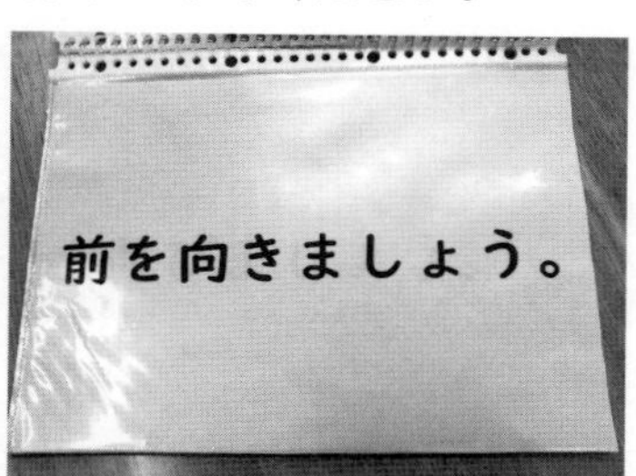

お願いカード

多様な生徒が安心して参加できる体育祭へ

学校には様々な生徒たちがいます。運動能力も一人一人違います。運動が得意な人の目線で作られてきた体育祭を，全ての生徒たちが楽しむことのできる行事に変えていきませんか？

視点を変えたら，きっとできると思いますよ。

14

10月
前期の振り返りをする

振り返ることを嫌がる生徒たち

通級で指導していると，振り返ることや反省することに対してあまりいい感情を持っていない生徒が多いような気がします。

それにはいくつかの理由が考えられます。

・終わってしまったことに興味関心がない
・失敗した場合，そのことを指摘されるのが嫌
・細かいことまで覚えていない　等

過去の経験からネガティブなイメージがあるのかもしれません。

その都度振り返る

❶学校生活について

学校生活全般については，クラスの学活の授業中にチェックシートを用いて振り返りを行う場合が多いように思います。

あまりにも課題が多い場合や緊急性が高いことに関しては，担任から直接通級担当に報告があり，そこから生徒一人一人の課題に合わせて教材を作成し，個別に話し合いをしていきます。

保護者に報告した方がいい場合もあるので，生徒本人，担任と相談しながら対応していきます。

❷学びについて

定期テストの結果や提出物の提出状況等は，時間が経過すればするほど振り返りが難しくなる分野だと思います。その上，成績が振るわなかった場合，生徒たちが「触れて欲しくない，振り返りたくない」と思うのも分かる気がします。振り返りを行う時には，次のテストに向けてどう戦略を練るかに重きを置いて話し合った方が賢明だと思います。

併せて評価システムについてしっかりと確認しておく必要があり，学期ごとの評定と，年度末に出る年間の評定の違いを説明しておきます。たとえ前期で評定１が付いたとしても，後期で挽回することが可能だからです。

評定で１が付いてしまうと，私立高校の進学相談会で門前払いになる場合があります（地域によって違いがあります）。生徒にとってはかなりショックなことだと思うので，進路に関する評定のことは，１年生の時から，本人，保護者に丁寧に説明しておくべきです。

❸行事について

行事に関しては通級では事前学習ノートを使って学習をしています。

そのノートには事後評価についても記入する欄が設定されていますので，行事終了後，その都度目標が達成されたかどうか確認をしています。

「楽しかった」「よかった」等といった行事の勢いに流されるのではなく，設定した目標がしっかりと達成できたかを話し合います。

課題となった部分は次年度の課題とします。

振り返りは記録に残す

生徒たちが使っている「学びのカルテ」は，生活・学習・部活について記入する欄が設定されています。振り返ったこと，確認したことについては学びのカルテに記入し，忘れないよう記録は一つにまとめています。

15

10月
今までの保護者面談の在り方を見直す

保護者の皆さんは日々忙しい

保護者の方に面談希望の日程をお伺いしていますが，手帳にはたくさんの予定が書き込まれています。家族の予定や仕事の調整をしている姿を見ると，面談のために学校に来るということがとても大変なことだと分かります。

保護者には学校に来てもらって当たり前ではないのです。

面談方法の選択肢を広げる

❶従来通りの対面スタイル

今まで通りの対面面談ですが，通常の学級の面談と通級の面談の日を同日に設定するようにしています。別日に設定してしまうと，２日間学校に来なければなりません。仕事がありお休みが取れないという保護者もいらっしゃるので，できるだけ一度で済むようにやりくりしています。

❷オンラインで面談

生徒たちには１人１台タブレット端末を渡しているので，オンラインを活用して面談を行うようにしています。移動時間が不要なので，保護者の皆さんからすると気楽に参加できるようです。

❸電話で情報交換

オンラインだと面倒だという場合は，電話で情報交換をするようにしています。電話も難しい場合もあるので，保護者の都合のよい時間帯を聞きつつ，できるだけ私たちの勤務時間内に対応するようにしています。

❹手紙や連絡ノートでやりとりする

電話が苦手という保護者もいらっしゃるので，手紙や連絡ノートでやりとりをする場合もあります。ただし，生徒に手紙を手渡すと忘れてしまう場合があるので，大切なことを伝える場合には郵送する場合もあります。

❺面談する前の準備

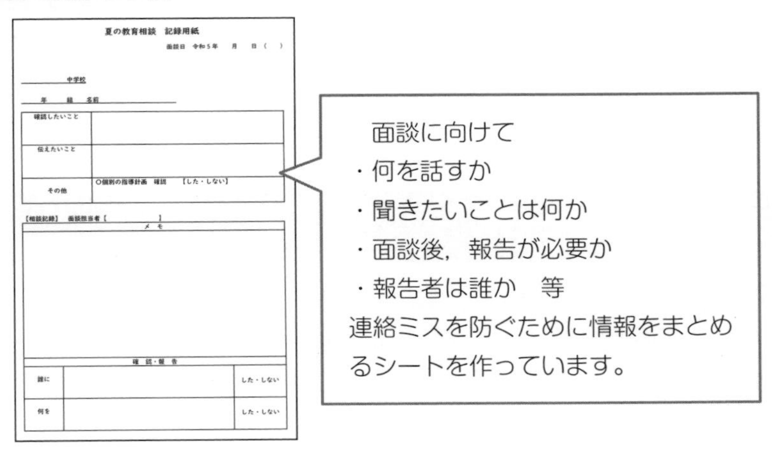

夏の教育相談　記録用紙

面談日　令和５年　　月　　日（　）

中学校

年　　組　　名前

確認したいこと	
伝えたいこと	
その他	○個別の指導計画　確認　　【した・しない】

【相談記録】　面談担当者【　　　　　】

メ　モ

確認・報告		
誰に		した・しない
何を		した・しない

面談準備シート

必要なことが伝わればいい

以前と比べて面談の日程調整が難しくなった気がしています。社会情勢も変化し，働くお母さんも増え，いつでも対応できるというケースが少なくなってきています。だからこそ「面談はこうあらねばならない」という形式にこだわらないようにしています。人が抱える事情も様々です。私たち学校関係者が考え方を変える時期にきているのではないかと思っています。

16

11月
学びのカルテを修正する

修正が必要な学びのカルテ

本校は，前期，後期の２期制です。前期の終わりに個別の指導計画を見直し，秋の教育相談の時期に個別の指導計画を確認しながら本人，保護者と面談をし，学びのカルテをリニューアルしています。生徒たちの実態は日々変わっていくので，定期的な見直しは必要だと思っています。

修正の手順

❶個別の指導計画の見直し

10月の中旬に前期が終了するので，前期の指導計画が達成されているかどうかを本人と通級担当とで確認します。そこで確認した内容は，学級担任とも共有し，三者面談の話題に挙げてもらいます。

❷本人，保護者と面談

後期に入ると，三者面談が全校対象で計画されます。学級担任との面談終了後，本人，保護者には通級に寄っていただき，前期の個別の指導計画の達成状況を確認します。次に，後期の指導目標や指導方法，必要な合理的配慮の項目をピックアップしていきます。ここでの話は，学級担任に報告します。

❸学びのカルテの修正

本人と通級担当で，学びのカルテの修正のための作戦会議を行います。優先されるのは本人の意思です。時間をかけて丁寧に話を聞いていきます。よりよい方法を一緒に考える時間が大切だと思っています。

❹学びのカルテの共有

修正し終わった学びのカルテは，担任に確認していただきます。各教科の先生方にも知っておいて欲しい事項があるので，各担任が学年会等で情報を共有します。成績を付ける上でも合理的配慮の確認は必要なので，丁寧に説明していきます。

ここでしっかりと学びのカルテに必要事項が記入されていれば，生徒たちを守ることができるはずです。

❺受験の準備を始める

３年生については，入試の際に合理的配慮を申請する場合もあります。

申請にあたっては，合理的配慮が中学校の段階でしっかりと受けられていたかが重要になってきます。入試の際に受けたい合理的配慮があれば，早い段階で中学校の担任と確認しておく必要があります。確認したことは忘れずに個別の指導計画や学びのカルテに記入し，その都度修正していきます。

合理的配慮を確実に実施する

個別の指導計画の作成は学習指導要領に明記されており，法的拘束力があります。私たちが作る「学びのカルテ」は，法的拘束力こそありませんが，個別の指導計画に基づいて生徒たちによって記入され，具体的で分かりやすい表記になっています。先生方も何をどうすればよいのかが一目瞭然だと思います。

学びのカルテの役割は，生徒個々に必要な支援や配慮を確実に学校内に広めることです。個別の指導計画と生徒一人一人の学びをしっかり結び付けるツールとして必要不可欠だと思っています。

17

11月
後期の目標を設定する

目標を立てることが苦手

過去の体験から，学校で行われることに対してネガティブなイメージを持っている生徒がとても多くいます。ネガティブなことへの「目標設定」は精神的にも辛く，とても難しいものです。

学びのカルテを使う

❶学校生活について

後期がスタートすると，クラスの学活の授業の中で後期の目標を決めていきます。決定した目標は，クラスの掲示板に貼り出されます。

その後，生徒たちがどのような目標を立てたのか，通級の時間に聞きます。ここで目標を修正することはほぼありません。生徒本人が考えて立てた目標に対して，通級がどれだけお手伝いができるかを提案するのみです。

「この目標無理なんじゃないの？」等と軽い気持ちでアドバイスをすると生徒が「否定された」と感じてしまうこともあり，本人のプライドを傷つけてしまう可能性があります。

❷学びについて

前期の間に自分の特性に合った学び方について検討し実践してきた生徒たちですが，後期も同じような学びを継続できるよう「学びのカルテ」を使って確認していきます。変更点があれば調整し，新たに支援方法を記入していきます。

❸行事について

後期に予定されている行事については一つ一つ事前学習を行うようにしていますので，その都度目標を設定していきます。２，３年生については，前年度に積み残した課題が達成できるよう調整していきます。

❹３年生は受験指導

３年生後期最大の難関は高校受験です。早い学校は10月から受験がスタートするので，生徒の志望校に合わせて受験指導を開始します。

12月ぐらいまでは，志望校と実力が乖離している場合が多いので，客観的なデータ（実力テストや業者テストの結果）を使い，少しずつ最終的な志望校を絞っていきます。志望校選びは生徒本人の希望を優先します。最後までハラハラしますが，本人が納得しないことには前に進まないので，生徒たちに分かりやすいような細かな目標を設定していきます。

達成できる目標設定が大事

後期終了後には，年間を通しての評定が付きます。後期が始まる時に，生徒たちと評定のシステムを再確認し「やれることはまだあるから諦めないように」とやる気を喚起します。

壮大な目標を立てるのではなく，スモールステップで一つ一つ積み上げていくスタイルの方が生徒たちには合っています。達成が難しい目標に追い詰められることがないからです。

最初から富士山に登らせるのではなく，小さな丘から一緒に登山にチャレンジしていくイメージでしょうか？

達成できない目標を立て続けると，目標を立てること自体に意味が持てなくなってしまうのです。

11月
音楽会事前学習で見通しが持てるようにする

得意・不得意が分かれる音楽

音楽会はクラス全員が同じ場所で同じ歌を歌う集団性を重んじる行事の一つです。通級の生徒たちが苦手とする「協力」や「団結」を強いられることも多く，特に歌うことに対して苦手意識の強い生徒にとっては「参加したくない行事」となるかもしれません。

音楽会の見通しづくり

❶音楽会のイメージづくり

１年生にとっては初めての行事でもあるので，前年度の DVD を見せ，音楽会のイメージを持ってもらいます。先輩と一緒の通級抽出授業を計画することにより，先輩から非常に有効なアドバイスがもらえたりします。

❷事前学習ノートの作成

いつ，どこで練習をするのかはクラスによって違います。細かな練習日程が発表されますが，生徒たちは忘れてしまいます。そこで自分のクラスの練習日程を記録できる事前学習ノートを作成します。

事前学習ノートには，練習日程だけではなく，音楽会に関する全ての情報が記入できます。このノートを保護者に見せれば，保護者も行事のイメージが持てると思います。また，不登校の生徒たちにも配付しています。

❸事前学習ノートの内容

「こんな時あなたならどうする?」といった項目もあり，困りそうな場面をピックアップしています。教員からのアドバイスよりも先輩からのサバイバルスキルのアドバイスの方が断然説得力があります。

こんな時どうする？

❹当日必要な情報

服装　各クラスで違います。
よく確認しておきましょう。

ネクタイ（男子）	ある・ない
リボン（女子）	ある・ない
ブレザー	ある・ない
セーター	ある・ない
ベスト（女子）	ある・ない
くつした	ある・ない

当日の服装

歌うパートは，

並ぶ場所は，

（指揮者）

当日の並び方

参加は生徒の希望を優先する

「何が何でも音楽会に参加しなければならない」と生徒を追い詰めることはよくありません。見学することも，欠席することもできるという選択肢を用意しておくことも大事な配慮であると思います。

12月
受験勉強を計画的に進められるようにする（3年生）

勉強の仕方が分からない

「受験勉強しなさいって言われるけど何をしたらいいか分からない」と生徒たちはよく言います。学習の方略が分からないのか，プランニングの問題なのか，切り替えの問題なのかを吟味していく必要があります。

生徒たちは全般的に「計画する」という行為自体が苦手です。いつまで待っても動き出す気配はありませんので，ある程度大人が受験の流れを作っていきます。

受験対策ノートで確認

❶受験日までの日程を確認

受験日までの日程をカレンダーで確認します。何を，いつまでにしておくのか等の見通しが持てないことが不安につながるからです。

学校見学会，体験入学，個別相談会，出願日等，分かることは事前に調べてノートに記入していきます。

❷自分の力を知る

学校の定期テスト，市内の実力テストや民間のテスト等，客観的に学力を把握できるテストが数回あるので，どれくらいの力があるのかを把握しておきます。また，志望校合格に必要な点数も調べておき，志望校選びが妥当かも検討していきます。

❸得意科目，苦手科目をチェック

テスト結果を継続してノートに記入することで得意，不得意がはっきりしてきます。一人一人に合った戦略を考えるためにも必要な作業です。

❹具体的な戦略を立てる

<国語のポイント>

	問題	クリア
作文		
漢字（読み）		
古文		
文法		
読解1		
読解2		

どの教科でどの問題を解くか，解く順番はどうするか等，具体的に戦略を立てていきます。過去問でチャレンジする問題を絞ってピックアップする作業も必要です。

戦略シート

高校進学率100%は通級の誇り

通級開設以来，100人以上の生徒たちが高校に合格しています。高校進学率は100%です。「高校に行きたい」「勉強が分かるようになりたい」という生徒たちの希望を叶えるために，指導方法を試行錯誤してきました。

一人一人に合わせた効果的な指導でなければならない。傾向を分析し，緻密な計画を立てなければならない。日々生徒たちと積み重ねた工夫は，教材として残り受け継がれています。毎年掲げる「全員合格」の目標。17年間一人の不合格者も出さずに続いています。

1月
入試面接ノートを使って面接練習をする（3年生）

志望動機が言えない

高校入試で面接が設定されている学校があります。「なぜその高校に進学したいのか？」と志望動機を質問しても，ほとんどの生徒たちは答えられません。漠然とした気持ちはあっても，言葉にして話すことが難しいのです。

面接練習の流れ

❶質問内容を想定して言う言葉を考える

高校のパンフレットを見ながらキーワードを探します。自分がなぜその高校，学科に進学したいのか自由に話す時間を設け，その中から言葉を拾い集め付箋に書き込みます。付箋の言葉をつなげていくと文章になっていきます。

❷セリフを覚える

面接ノートに書き込んだ文章を自分の言葉として発していく練習をします。覚えることが苦手な生徒も多いので，立ち歩いたり，書いたり，声に出したり，その生徒の覚えやすい方法でセリフを記憶させます。

❸所作を覚える

面接には独特な所作があります。通級には前年度の先輩の練習風景を撮影したビデオがあるので，生徒にビデオを見せながら所作の説明をしていきます。言葉だけでは理解しにくい場面もあるので，ビデオは必須アイテムです。

❹鏡やビデオでフィードバック

歩き方がちぐはぐだったり，お辞儀の角度が分からなかったり，座る姿勢が悪かったりと体性感覚に課題のある生徒たちは所作に苦戦します。自分の体がどのように動いているのか，どの位置まできているのかイメージが持てない場合が多いので，鏡やビデオを使ってフィードバックしています。

❺評価シートを使ってチェックする

面接官はどのようなことをチェックしているのかという視点を持つことも大事なことです。気を付ける項目をピックアップしておけば，落ち着いて立ち振る舞うことができるようになります。

面接での質問

受験番号と氏名、出身中学校名を言ってください。

今日はどのような交通手段でこの学校まで来ましたか？

あなたはなぜ本校を志望しましたか？

付箋の言葉をつなげて文章にしていきます。完成したら一度生徒に読んでもらい，言いにくい言葉がないかチェックします。

面接ノート　質問想定シート

早めに面接練習に取り組む

面接練習をしてくださっている先生方から「通級の生徒たちは面接が上手」と褒めていただいています。それもそのはず，面接練習は12月からスタートさせていて，約２か月間も練習しているのです。面接練習をすることで受験への意識も高まるので，早めに取り組むとよいと思います。

21 対象 不安が強い・見通しが持てない

2月
受験書類の作成手順を詳しく提示する（3年生）

意外と書けない個人情報欄

住所と名前，電話番号は書けて当たり前と思っていませんか？ 冗談のように思うでしょうが，毎年苦戦するのは，個人情報欄を埋めるという作業です。最近では，保護者の電話番号を書くことができない生徒がほとんどです。今は携帯電話が普及し，ボタン一つで電話がかけられるからです。

期日に間に合うようにスケジュール化する（※地域によって異なる）

❶自分の住所を調べる

自宅の住所を市町村から書けるようにしておくことが必要です。

修学旅行の時にも宅配便のタグを書くことができなかった生徒がいましたが，最低でも住所は覚えておいた方がよいかと思います。

❷保護者記入の部分を書いてもらう

書類には，保護者が書かなければならない部分もありますので，期日前までにきちんと保護者に届くようにしておく必要があります。生徒が伝え忘れることもあるので，ケースによっては，学校から電話連絡をしておいた方がいい場合もあります。

❸収入証紙（受験料）購入方法を教える

全日制と定時制では受験料が違うので，何円分の収入証紙が必要なのかを生徒一人一人確認しておく必要があります。また，収入証紙がどこで手に入るのかを説明しておきます。

収入証紙

全日制と定時制の受験料が違うので，生徒一人一人，写真を使って確認をしていきます。

❹合理的配慮申請書類を作成する

合理的配慮を申請する場合，生徒，保護者が書かなければならない部分があります。本書執筆時，本県では手書きによる申請になっています。書く欄が狭い上に直筆で書かなければならないので，失敗が許されずとても大変な作業になります。

また，何を書いたらよいか分からないということもあります。通級では毎年受験生がいますので，卒業生たちが申請した書類を参考にしながら生徒たちと一緒に文章を考え記入しています。

地域によってかなり制度が違うので，早めに進路指導主事に確認しておくことをおすすめします。

手書きからデジタルへ

生徒たちは文字を書くことが難しいという特性を持っていますが，公立高校の書類は直筆となっています。何度も書いたり消したりを繰り返しながら神経をすり減らしています。一方，私立高校は Web 申請が進んでいます。近い将来，公立高校も Web 申請ができるようになる可能性があるので，通級担当はアンテナを高くしておく必要があります。

3月
高校進学ガイダンスをする（3年生）

入試をゴールにしない

高校入試まで突っ走ってきた生徒たち。高校に合格して「ゴール」と思いがちですが，そうではありません。ここからが新たな「スタート」です。

合格発表から卒業まで，実はあまり時間は残されていません。高校生活を安定させるためにも効果的な引継ぎが必要です。

高校入学説明会までにやるべきこと

❶学びのカルテを確認する

１年間のまとめとして，学びのカルテを見直していきます。配慮して欲しいことや支援方法等，高校進学に向けて書き加えていきます。

学びのカルテを使って様々な支援の交渉をしてきた生徒たちですが「学びのカルテを持ち帰りますか？」と聞くと，約半数の生徒は「いいえ」と答えます。「自分で担任の先生に話すので大丈夫です」とのことです。不安な生徒たちは持ち帰り，高校の先生に見せて交渉するようです。

❷個別の指導計画のまとめ

学びのカルテの内容を個別の指導計画に反映させていきます。個別の指導計画を高校に引き継ぐかは本人の意思に委ねています。なぜかというと，新たな自分に期待している生徒もいるからです。

また，高校の中には，個別の指導計画の理念が浸透していない残念な場合もあるので，引継ぎについては本人にとってマイナスにならないよう情報を集めながら慎重に行っています。

❸保護者面談

高校はクラス編成の時期が早いので，入学説明会の時には高校の先生方と個別に相談する時間を取っていただくようお願いしています。説明会の際にはまだ担任が決まっていませんので，養護教諭に窓口になってもらうことが多いようです。安心して話すことができる先生とつながることが重要です。

❹ノートテイクのやり方レクチャー

今までは教科ごとのノートを使っていましたが，高校入学後は自力でノートの管理をしなくてはいけません。そこで，生徒一人一人に合わせてバインダーノートを使う練習をしています。

❺プリント整理のドキュメントファイル

配られるプリントの整理整頓も課題となります。12ポケットに分かれているドキュメントファイルを卒業祝いとしてプレゼントしています。卒業生に使用状況を聞いていますが，結構な割合で愛用してくれているようです。

通級がない高校が圧倒的に多い

少しずつ高校にも通級が設置されてきているようですが，私の学校の近隣の高校にはまだありません。中学校で受けていた配慮や支援が突然なくなって混乱するのは生徒たちです。

高校に通級はなくとも保健室は必ずあるはずです。今まで多くの高校の養護教諭と連携させていただいてきましたが，養護教諭の先生方のしなやかなコーディネート力には目を見張るものがあります。心配な生徒たちは，高校の養護教諭と連携し引き続き見守っています。

23 対象 自己理解が難しい・書くことが苦手

国語

自分に合った方法で漢字練習をする

漢字に対する強い苦手意識

文字を書くということに対して強い苦手意識を持つ通級の生徒たち。

いつ頃から漢字練習が嫌になったかを聞いていくと「小学校２年生」と答えるケースが多いです。小学校１年生までは，何となく象形文字的であり，イメージと文字が一致していたのですが，２年生あたりからイメージが持てなくなってきます。そこから鉛筆を持たなくなったと話していた生徒もいました。

効果のある学習方法を提案する

❶イラストを付ける

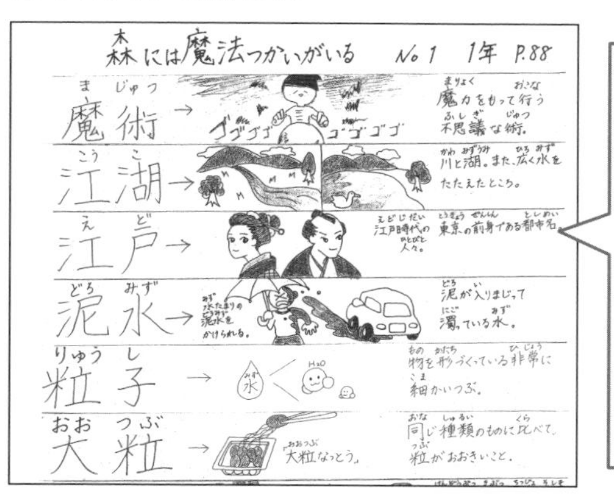

イラスト付き漢字練習プリント

中学校で習う漢字全てにイラストを付け，読みと意味を載せた教材を作成しています。

本校通級のHPからダウンロードできます。

（埼玉県熊谷市立富士見中学校 http://www.kumagaya-fujimi-j.ed.jp/?page_id=168）

❷部首に分けて覚える

100円ショップにあるモールを使って部首カードを作ってみました。

紙と鉛筆を使い書いて覚えるのではなく，指でなぞって触覚で覚えます。

部首が分かってくると，漢字を分解して記憶できるので，学習初期の段階におすすめです。ゲーム感覚で楽しく学ぶことができます。

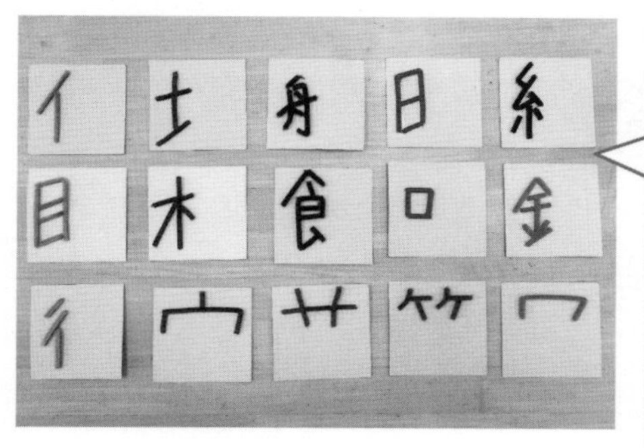

部首カード

板目紙を切ってカードにし，モールを切ってボンドで貼っていきます。小学校低学年の頃に習っている漢字のパーツですので，取り組みやすいと思います。生徒一人一人の学ぶスタイルを一緒に作り上げて，学習を楽しむことができるようにするところが通級です。

❸絵描き歌で覚える

例えば「窓」という字を「ウ冠，ハ，ム，心」と分解して歌のようにして覚えます。生徒たちの面白い発想で自由に歌を作るといいと思います。

元オジンオズボーンの篠宮さんという芸人さんが漢字の覚え方の動画をアップしています。

その子に合った学び方で

通級の生徒たちに漢字練習をさせる時は，何回も書かせるということはしません。書くという活動に全エネルギーが持っていかれ，疲れるばかりで記憶に残りにくいからです。漢字の書き取りの練習をたくさんやり，覚えた人もいるでしょう。しかし中には，その方法が通用しない人もいるということを先生たちには知っておいて欲しいのです。専門家との連携で効果的な指導方法が見つかるかもしれません。

国語
硬筆で失敗させないようにする

失敗が許されない硬筆

通級が設置された初期の頃，ある生徒さんが泣きながら通級に来ました。

「硬筆で失敗してイライラしたら先生に怒られた」とのこと。事情を丁寧に聞いてみると，途中で文字を書き損じ，硬筆用紙をぐちゃぐちゃにしてしまったらしいのです。

生徒を守る教材づくり

まだ学習障害という概念が浸透する前のこと。どう生徒の特性を説明しても「生徒が悪い」となってしまっていたのです。

そこで，生徒たちが失敗しないお手本教材を作り，その効果を見てもらうしかないと考え，通級スタッフが立ち上がりました。

❶手本を拡大コピーする

手本はそのまま写し取られないように少し小さめに作られています。手本を拡大コピーし，提出する用紙と同じ大きさに揃えます。ここの調整が大変難しいようで，支援員の腕の見せ所です。

❷１行ずつ切り離す

拡大コピーをしたものを１行ずつ切り離していきます。これで１行ずつ手本をめくることができるようになります。

❸硬筆用紙に貼り付ける

位置を合わせて手本を硬筆用紙に貼り付けます。右利きと左利きがいるので，２種類の手本教材を作成しています。

１行ずつめくることができるように台紙に貼り付けます。

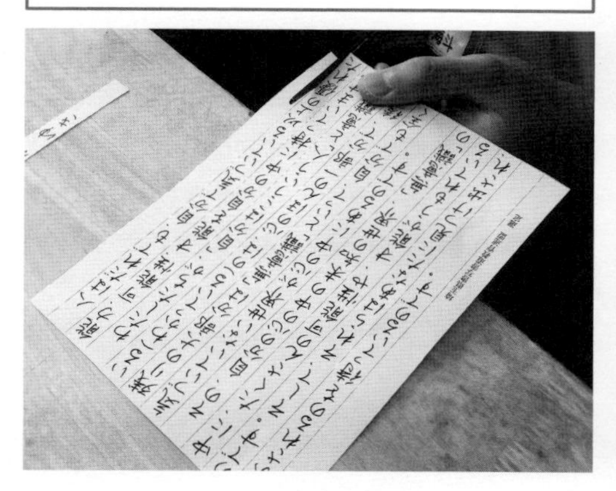

１行ずつ切り離す

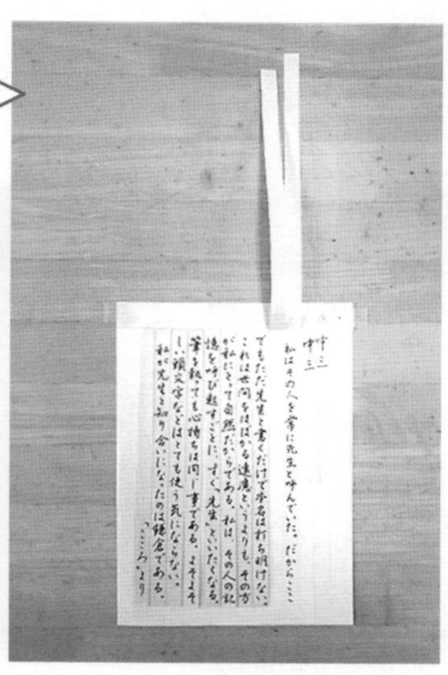

右利き用手本

❹作品の変化

手本の文字が真横に来るため，生徒は視線を大きく動かすことなく文字を書くことができます。このことにより，劇的にミスが減少しました。

ミスがなければ生徒たちは作品を提出することができます。

教室に教材を持ち込む

通級の手本教材で練習して，一度もミスをしなかったので，国語の先生に了解をいただいた後，教室での授業でも手本教材を使ってみることにしました。一斉指導場面でも見事にミスはなく，手本の提示の仕方によって生徒のパフォーマンスが変わることを，国語の先生にも理解していただけました。

国語
書き初めで自信を回復する

失敗したくない

硬筆同様，失敗が許されない書き初め。その上準備が大変で，狭い教室内で人とぶつからないように文字を書くのは至難の業です。書き初め道具を忘れる，墨汁をこぼす，紙を汚す，破る等，アクシデント続出です。

また，冬休み明けには書き初め展が行われ，クラスの掲示板に自分の作品が貼られ，比較されてしまいます。生徒たちが最も恐れる瞬間です。

なぞり教材を作成する

他の生徒と同じように手本を横に置いただけでは形やサイズを正確に写し取ることはできません。最初のうちはなぞり教材を作成し，文字をなぞる練習が必要です。なぞり教材の作り方は以下の通りです。

❶手本を拡大コピーする

硬筆同様，手本を拡大コピーしていきます。硬筆より手本のサイズが大きいので，一度でコピーは完成しません。何度も微調整を重ねて書き初め用紙のサイズに仕上げています。

❷ラミネートをかける

手本の拡大コピーが終わったら次はラミネートをかけます。これも何枚かに分けてラミネートし，最後にセロテープでつないで完成させます。

❸書き初め用紙にセットする

ダブルクリップを使って手本教材と書き初め用紙をセットします。

なぞり手本教材（ネームは仮）

- 書き初め用紙がずれないようにダブルクリップで留めます。
- 生徒の名前の手本は，国語科担当が全ての生徒に準備してくれているので，手元に置いて書き写します。
- 書き終わったら作品を展示し，字形を確認します。
- 手本は墨で汚れているので，布できれいに拭き取ります。
- また書き初め用紙をセットします。

上手に書けたという経験が必要

この手順で書き初めを行い作品が仕上がると，生徒たちは自分の書いた字に驚きます。失敗経験ばかりを積み上げてきているので信じられないのでしょう。

うまく書けたという経験，なぞりながら字形を頭に入れるという過程が必要なのだと思います。最終的にはなぞりは卒業し，自力で書けるようにしていきます。

26 対象 数の概念が持てない

数学

正負の数の計算を通級方式で解けるようにする

数直線が分からない

正負の数の計算をする時，数直線を使って教えても混乱してしまう生徒がいます。数直線の＋の方に移動すればよいのか，－の方に移動すればよいのか，分からなくなってしまうのです。

通級方式で計算する

❶異符号の場合

筆算で計算する方法を考え出し，生徒たちに指導しました。

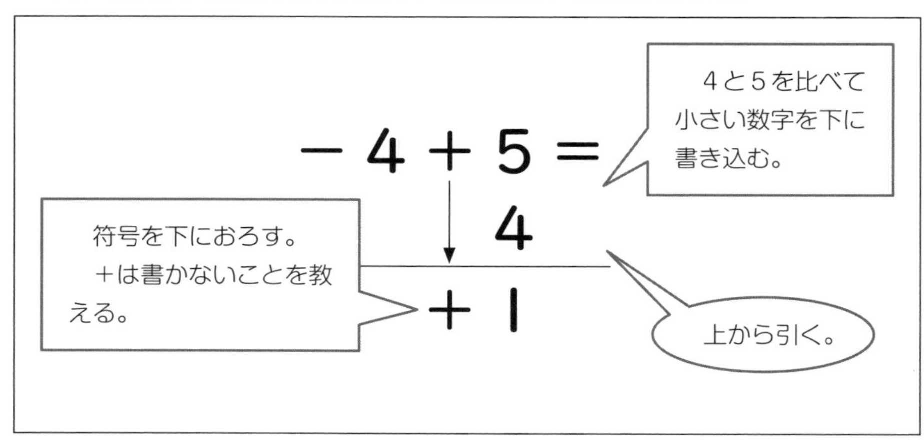

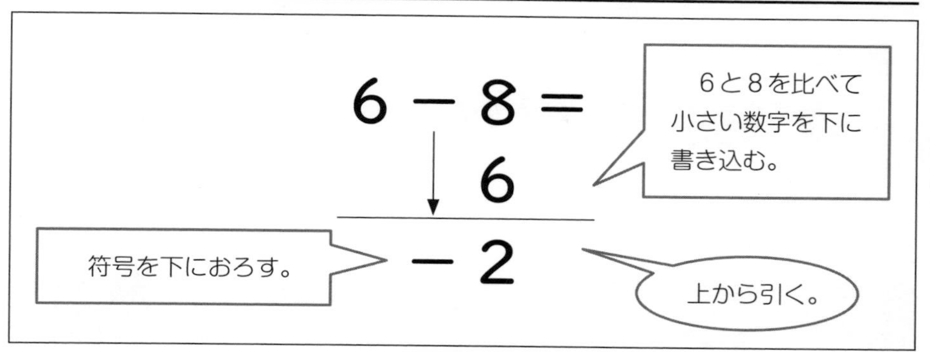

この形で計算すると，間違えることはほとんどありません。

❷イラストでイメージする

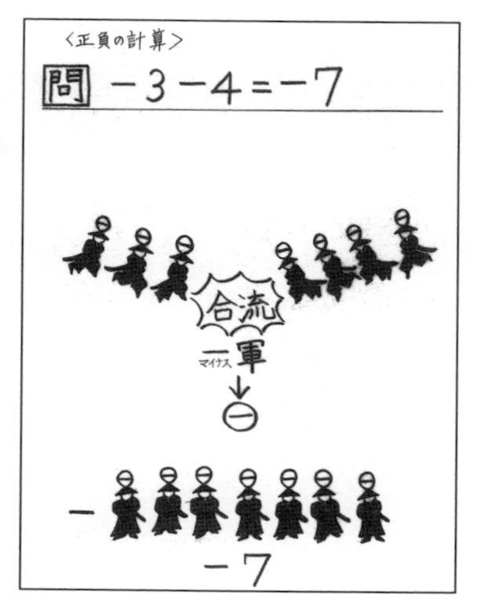

イメージが大切

抽象的なことをどれだけ具体的にイメージさせるかが数学のカギだと思っています。生徒たちが納得できるようなイラストを描き，指導していきます。教材を作る際には生徒たちの意見も聞きながら作成しています。

27 対象 空間位置関係がつかめない

数学
一次関数のグラフが書けるようにする

グラフ用紙で混乱してしまう

書き写すということが難しい生徒たちにとって，線が交差しているグラフ用紙に点を打っていく課題はとても苦戦します。視覚情報をうまく処理できないと混乱してしまいます。

提示する情報量を少なくする

❶出題はプリント１枚に１式のみ

グラフを書かせる時，グラフ用紙は線が多く交差しているので，どこに点を打てばよいのか分からず混乱します。プリント教材を作成する時には，１枚１式で作成します。

❷繰り返し取り組む

１枚１式だと，どんどん取り組むことができるので，生徒たちは達成感を得ます。プリント教材を冊子にして準備しておくと，生徒たちは喜びます。この教材は，ワークの代替の提出物として認められています。ワークで学べる子はワークで学び，通級教材で学ぶ子はそれを評価の対象にします。学び方は違っても，学んでいることは同じ，優劣などないのです。

❸定期テストと同じ出題方式で練習

定期テストでは解答欄が限られているので，一つのグラフに何問ものグラ

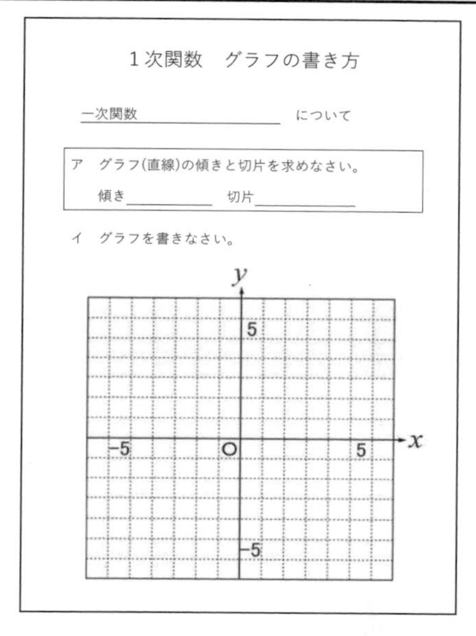

1枚1式シート

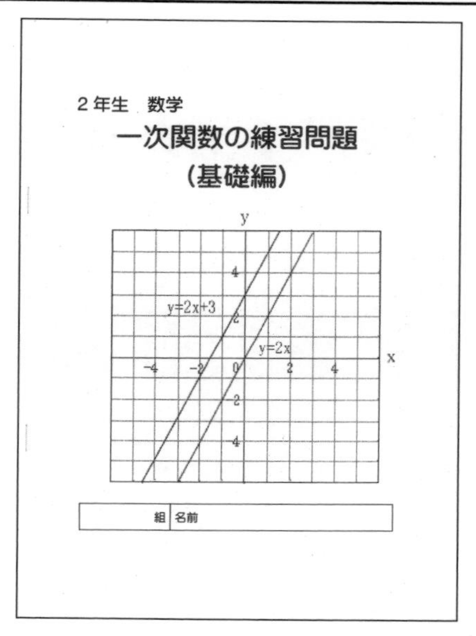

冊子になった教材

フを書かなければなりません。グラフが混乱しないように4色のフリクションペンを使って記入する練習をしています。

それでも難しい場合は，数学担当と連携し，1枚1式方式で対応することを許可していただいています。

どうやったら分かりやすいのかを追究する

生徒たちの認知特性は多様です。一律同じ方法では教えられません。

一次関数のグラフの書き方は分かっているのに，問題用紙と解答用紙の形式が合わないからできないということは，生徒たちを失望させます。

テストでは何を問うているのかが重要であり，情報処理過程を評価しているのではないはずです。通級で生徒ができる方法を見つけ，その方法をみんなで共有して欲しいのです。

28 対象 手指の巧緻性に課題・記憶することが苦手

数学
作図アイテムを準備する

苦手なことだらけの作図

1年生の数学の平面図形の単元で作図が登場します。コンパスや三角定規を使って決められた図を書いていくのですが，書く手順が多く，生徒たちは混乱してしまいます。また，コンパス等をうまく使えないという課題があると，苦手意識を強く持ってしまう学習でもあります。

生徒たちの特性に合わせる

❶コンパス等は使いやすいものを選ぶ

最近では様々なコンパスが販売されています。

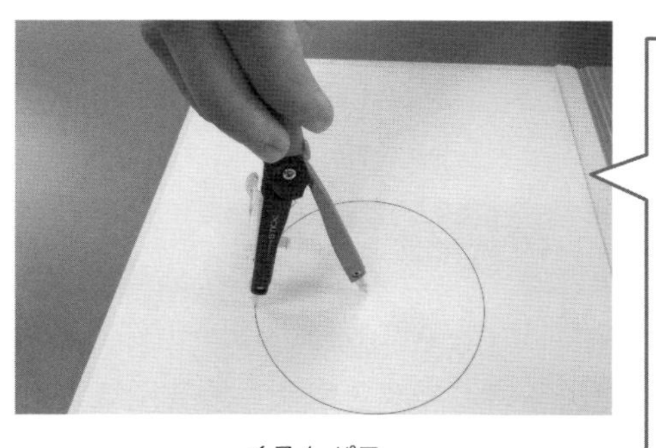

くるんパス

ユニバーサルデザインが浸透し，片手でも無理なく扱えるコンパスが発売されています。
（写真は「スーパーコンパス　くるんパス」（SONIC））
実際使わせてみて感触を確かめることが大切です。

❷作図の手順を書いたプリントを作成する

一度にたくさんの作図手順を提示されても情報の処理が追いつかないとい

うことがあります。

全ての手順が書いてある教材があれば，分からなくなった時，すぐにチェックして見直すことができます。

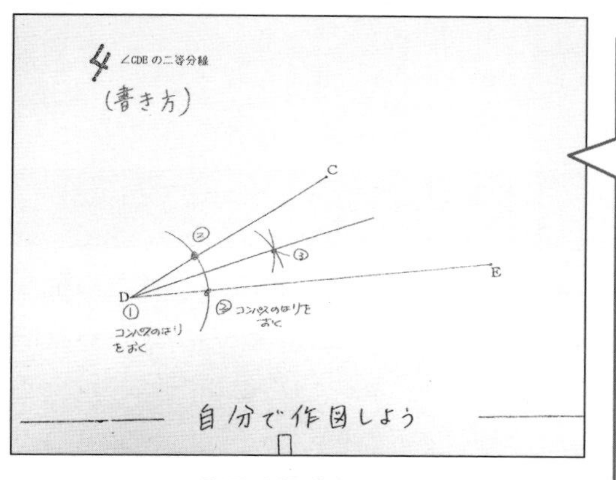

作図手順プリント

【学習の流れ】
①手順表をなぞる。
②手順表の下の余白部分に自力で作図する。
③ヒントのない問題用紙に自力で作図する。
④繰り返し取り組む。
この流れで学習すると短時間でできるようになります。

❸道具を忘れてしまう

通級では忘れ物の貸し出しをしていますが，かなりの高頻度で貸し出されるのは「コンパス，三角定規」です。

忘れてしまうと学習することができないので，教科担当と相談しながら貸し出しを行っています。

高校入試でも出題される作図

１年生で習う作図ですが，高校入試の問題にも毎年出題されています（各地域の高校入試過去問題をご確認ください）。万人に有用なものはありません。１年生の段階から自分に合った道具を見つけ，使用していくことはとても大切なことです。道具の扱いに慣れていないとうまく使いこなせません。慣れるまでに時間がかかるタイプの生徒が多いので，通級では何本かのコンパスを準備して練習させています。

29 対象 記憶することが苦手

社会
47都道府県を完全攻略する

47個も覚えられない!!

都道府県名は１年生の社会科で学習する内容ですが，とにかく覚える量が多く，途方に暮れます。生徒たちはどうやって覚えたらよいのか分からないのです。都道府県名が終わると次は県庁所在地と覚えることが倍になります。

小分けにして少しずつ覚える

❶身近な地域から覚える

本校は埼玉県にあるので，まずは関東地方を覚えます。埼玉県を中心に，隣接する都，県名を覚えるようにします。答えを漢字で書くとさらにハードルが上がってしまうので，ひらがなで書いてもいいと伝えておきます。

❷興味のある地域を覚える

生徒の興味関心はそれぞれ違います。自分の住む地域に興味がない生徒もいます。生徒の好きなものがある地域とか，親戚が住んでいる地域等，記憶の手がかりになるものを見つけて広げていく方法もあります。

❸形を覚える

都道府県の名称が分かっても，位置が分からないと正確には答えられません。ざっくりと県の形を覚える必要があります。市販されている教材として『都道府県かるた』（臼井忠雄監修，学研）があります。それぞれの都道府県の形をイメージしやすいような工夫がされています。

県の形を見て，何に似ているか考えていきます。

エピソードとつなげて覚えると，覚えられる量が増えていきます。

❹語頭音ヒントが付いている教材

最終確認をする教材です。都道府県名と県庁所在地を全て記入するようになっています。語頭音が書かれているので，分からない時は見ていいことにしています。

地方	No.	都道府県名			県庁所在地
北海道地方	1	ほ	ほっかいどう	北	
東北地方	2	あ	あおもり	青	
	3	い	いわて	岩	
	4	み	みやぎ		
	5	あ	あきた	秋	
	6	や	やまがた	山	
	7	ふ	ふくしま	福	
	8	い	いばらき	茨	
	9	と	とちぎ	栃	
	10	ぐ	ぐんま	群馬	ま　まえばし

日本地図に番号が振ってあるプリントと対で使用します。

思い出せない時には語頭音を見て記憶のスイッチを入れてよいことにしています。できない時間を増やさないためです。

高校入試でも出題される都道府県名

高校入試で毎年都道府県名に関する問題が出題されています（各地域の高校入試過去問題をご確認ください）。3年間でじっくり取り組み，記憶が定着するようにしていく必要があります。楽しく学習できる工夫がないと学ぶことを諦めてしまうので生徒の興味関心に合わせて教材を準備してください。

30 対象 記憶することが苦手

社会
歴史上の人物はイラストで解説する

興味がないから覚えられない

「戦国時代は好きだけど他は興味がない」という生徒が結構います。歴史分野の一部分だけに興味があり，他は記憶できないと訴えています。

視覚教材を使って学習する

❶ 4コマ漫画で解説する

享保の改革

江戸時代は何度か改革が行われており，定期テストでも狙われるところです。

登場人物，どのような背景があって，目的は何で，何をどう改革したのか等の具体的なエピソードを４コマ漫画にしています。

イラストで表現した方がイメージを持つことができて覚えやすいようです。

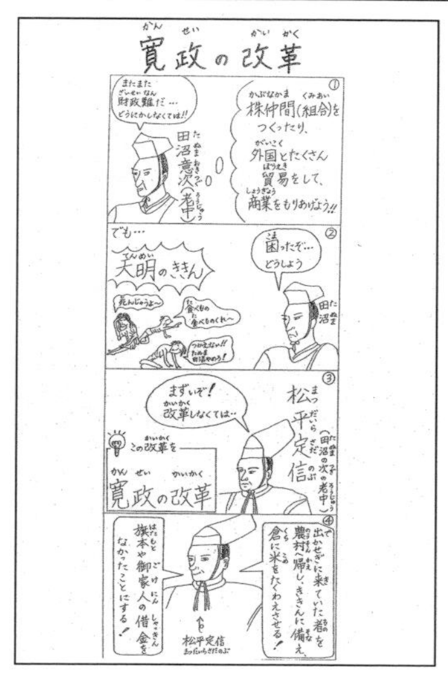

寛政の改革

天保の改革

❷かるたを使う

歴史上の人物を覚えなくてはならない時に，『日本歴史人物要点かるた』（田代脩監修，学研）を使っています。人物のイラストと，読み札の言葉のリズムで記憶に結び付けます。楽しい活動の方が記憶に残りやすいようです。

イラストを多用する

歴史上の人物は過去の人であり，文字だけではイメージができません。興味関心を引き出すためにもイラストを多用し，記憶に残るようにしています。

31 対象 記憶することが苦手

理科

実験の予習プリントを作成する

やることが多くて大混乱

「理科の実験中のパフォーマンステストが難しくてできない」と通級に飛び込んで来た生徒たち。話を聞いてみると，手順が多く，電圧計の扱いも難しい。その上，クラスのみんなの前で実技をしなければならないということで，余計に不安が強くなったようでした。

電圧計を扱うパフォーマンステスト

❶作業手順を一つ一つ写真で提示する

理科担当に協力していただき，作業手順を一つ一つ写真に収めました。そして，やらなければならないことをシンプルに書き出してみました。

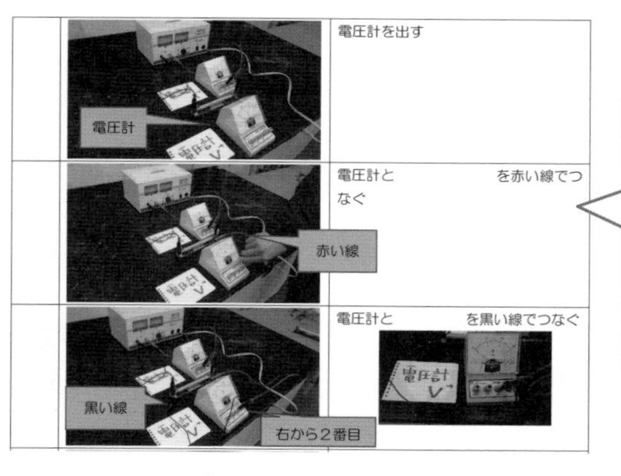

パフォーマンス前半

プリントの所々文章が抜けているのは，生徒たちに確認してもらうためです。
ポイントとなる部分を目立たせるためでもあります。

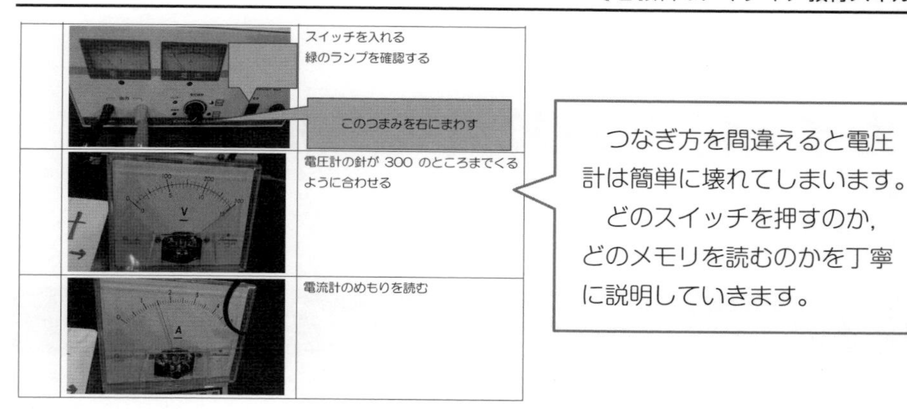

パフォーマンス後半

❷ビデオ教材も作成しておく

写真教材だけだと細切れになり，動きが分断されてしまい，かえって分かりにくいという生徒もいるので，全体的な動きを把握させるためにも教員によるパフォーマンスビデオを撮影しました。作業工程のつなぎの部分を丁寧に説明しながら確認します。

ビデオは何度も見ることができるので，とても便利でした。生徒にとってはよいイメージトレーニングになったようです。

❸予行練習をする

放課後，誰もいない理科室で予行練習を行います。失敗しても笑う人はいません。安心できる人と場所での予行練習で「できる」自信をつけます。

それぞれの認知特性に合わせる

「できない」と言って通級に来た生徒たちは全員，パフォーマンステストに合格しました。できるようになるまで，分かるようになるまでには入念な準備が必要です。失敗からはなかなか学ぶことのできない生徒たちなのです。

32 対象 不安が強い・勉強の仕方が分からない

理科
ガイド付きプリントを作成する

授業中の苦しみ

授業中に問題を解く課題が出されます。文字が読めなかったり，理解できなかったりすると自力で問題を解くことができません。みんなはできているのに自分だけ取り残されるという苦痛で生徒たちは打ちのめされています。

自分のペースで学んでいい

分からないことが周りに知られたくないという生徒たちは多くいます。先生が側に近寄ると目立つので嫌だという生徒もいます。生徒たちからすると，支援の方法はできるだけ目立たずにさりげなく行う方がよいようです。

❶支援レベルを分ける

ざっくりと支援のレベルを分けています。

- 自力でできる
- 理科担当の作った教材を活用する
- 通級担当が作った教材を活用する

生徒たちが支援の有無を決めてよいのです。

❷ガイド付きプリントを作る

理科担当は，問題用紙の裏に，解き方のヒントやガイドが付いているプリントを作成します。手順通りに問題を解けば正解に辿り着くようになっています。ヒントを見るか見ないかは生徒が決めてよいのです。

通級担当は，下記のようなガイド付きプリントを作成します。

100gの物体に働く重力＝1ニュートン

Nと書きます

万有引力を発見したニュートンさん

問題

（1）100gの物体に働く重力の大きさは何ニュートンか？

（2）200gの物体に働く重力の大きさは何ニュートンか？

（3）300gの物体に働く重力の大きさは何ニュートンか？

（4）400gの物体に働く重力の大きさは何ニュートンか？

（5）500gの物体に働く重力の大きさは何ニュートンか？

通級担当が作ったガイド付きプリント

通級担当は，通級の生徒たちがイメージしやすい教材を作成しています。

他の生徒たちも希望があれば使うことができます。

自力で問題を解きたい

一斉指導の中で課題に取り組むと，できる・できないがはっきりしてしまいます。自分の周りに人が集まると「できない人」と思われてしまうのではないかと内心ドキドキしている生徒もいるのです。

落ち着いた環境で，自分でじっくり考えたいという願いを叶えるために，教材の種類を多様にしました。その教材を使う，使わないも生徒が決めます。一人一人の静かに学び浸る時間を大切にしたいと思っています。

理科
元素記号の覚え方を工夫する

意味の分からないものは記憶できない

2年生で取り組む元素記号の学習。アルファベットからはイメージが湧きにくく，意味のない記号として捉えてしまうのでなかなか覚えられません。

記憶方法を工夫する

❶カードで覚える

100円ショップに名刺サイズのカラーカードが販売されています。ちょっと何かを覚える時に視覚教材としてカードを作ります。

ただ文字を書くだけではなく，イラストを描き加え，生徒が記憶しやすいようにしています。

・Ba はバリウム⇒胃の検査で使う　・S は硫黄⇒温泉マーク

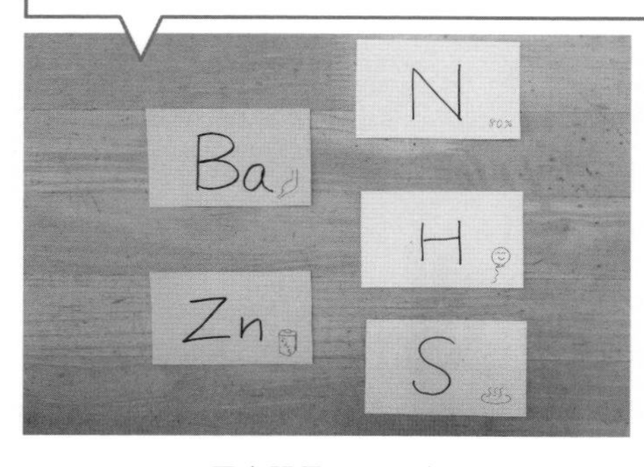

元素記号カード表

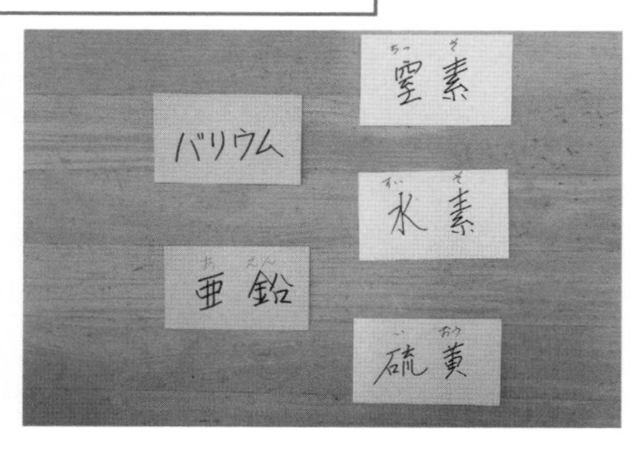

元素記号カード裏

❷語呂で覚える

鉄はFeですが，給食に出るヨーグルトに「Fe入り」としてマークが入っているものが出ます。生徒たちは「Fe ヨーグルトは鉄が入っている」と記憶しています。また「Cu は，くどう（銅）さん」というのもあります。とにかく覚えやすい語呂を作って楽しく覚えていくのです。楽しくないと学習意欲が湧かないという特性もあり，面白さを追求します。ネットにもいろいろ語呂が出ています。くすっと笑えて生徒に合うものを探してみてください。

❸かるた形式で体を動かす

ただじっと動かずにカードとにらめっこでは集中力が続きません。適度に体を動かすことも必要なので，気分をリフレッシュさせながら，楽しく学習に取り組みます。授業の中盤に行うのが効果的です。

❹確認テストを行う

通級の授業中に取り組んだカード学習で記憶できたかどうかをチェックする確認テストを実施します。生徒の実態に応じて出題数は決めますが，スモールステップでできる喜びを体感してもらいます。

アルファベットを書くことが難しい生徒には解答シールを作り，解答欄に貼っていくようにしていましたが，最近では，答えをタブレットに入力するやり方も可能になってきました。書くことにこだわらず，知識としてインプットされているかが重要で，アウトプットの方法は多様でいいと思います。

3年生の学習にもつながる

3年生になるとイオンの学習が始まります。元素記号は覚えている前提で学習が始まります。意味の分からないものはすぐに忘れてしまう傾向があるので，カードはいつでも取り出せるように管理しています。17年前のカードが今でも残っていて，後輩たちが引き継いで使っています。

英語
ルビ付き教科書でペアワークができるようにする

教科書が読めない

通級のある生徒が授業中，保健室に行ったというので事情を聞いてみると「英語の授業中，ペアで教科書を読む活動の時，教科書が読めず相手に迷惑をかけてしまうから保健室に行った」とのことでした。

協働することの難しさ

❶学習障害への無理解

学習障害という言葉を聞いたことがあるという先生方も多いようですが，実際どのように指導するのかということに対しては，今でも理解されていないと日々感じています。

学校現場では，読んだり書いたりすることが苦手な生徒たちに対して具体的な支援方法が確立されていません。読むことができない生徒たちが教室にいたとしても，まるでいないかの如く授業は進んでいくのです。読み書き中心の一斉指導，しかもペアワークを設定された時の学習障害の生徒たちの気持ちを少しでも予想できたなら，必要な手立ては自ずと見えてくるはずです。

❷教科の専門性との折り合い

英語科の先生の中には，教科書にルビを振ることに対して否定的な考えを持っている方もいらっしゃいます。カタカナ英語だと発音が悪くなるということのようです。しかし，教科書を全く読むことができない状況で授業に参加させることは，生徒にとって学ぶことのできない苦しさを強いることになります。英語科担当と通級担当が何度も話し合い，お互いの専門性を活かしながら根気強く指導方法を検討していきました。

❸ルビ振り教科書を作成する

話し合いの結果，教科書にルビを振ってもよいということになり，通級でルビ振り教科書を作成することになりました。

【作成上配慮していること】

・教科書をコピーし，ひらがなでルビを振ります。
・発音もできるだけネイティブの発音に合わせて振るようにしています。
・単元ごとの冊子にし，教科書に挟んで使えるようにサイズを工夫して作成しています。周囲から目立たないようにするためです。
・通級の生徒でなくても希望者には配付しています。

授業に参加できた！

文字の読みへの配慮がないまま，一斉指導でのペアワークで「自分だけでなく相手にも迷惑をかけるかも」という心配を抱かせたままでは，安定した学習は成立しません。生徒の立場に立って気持ちを理解することが大切です。

ルビ振り教科書を使うようになった生徒たちは不安が軽減され，保健室に行くこともなくなり，授業に参加することができています。

最近では生徒用タブレットにデジタル教科書を入れているので，ペアワークの時に併せて活用しています。

授業中，安心できるものを側に置くということがとても重要です。

35 対象 覚えることが苦手

英語
自分に合った記憶方法を記録する

単語が書けない

学習障害のある生徒たちは，アルファベットを書くことも苦戦することがあります。b と d の区別がつかない，大文字と小文字が混乱する等，形を捉えて再現するということがとても難しいのです。

覚える方法は人それぞれ

❶指でなぞる

モールを利用してアルファベットの形を作ります。作った文字は順番に並べたり，指で形をなぞったりするなど様々な使い方をしています。書いて覚えるより他の感覚を使って覚える方が合っている場合があります。

手作りモール教材

100円ショップで購入したモールで形を作っていきます。

作り終わったら指でなぞります。指の触覚から伝わる刺激で記憶が促進されるようです。

❷フォニックスを使う

1年生の教科書にも少しだけ掲載されているようですが，完全に理解するまでには時間が足りません。通級ではフォニックスを活用した単語帳を作っています。それぞれの生徒なりの覚え方があって，どうやって記憶するかという「覚え方メモ」を記入しておく欄を設けています。

2年生
Unit 1
New Words

フォニックスの表を手元に置き，文字と音のルールを整理しながら学習していきます。
自分なりの覚え方を見つけ，単語シートに記入していきます。

自分だけの単語帳

❸声に出して覚える

文字を書こうとすると覚えられない生徒がいます。書くことにエネルギーが奪われ，記憶することができなくなってしまうのです。文字は書かずにアルファベットをリズムよく読み上げて聴覚を使って覚えるやり方もあります。

記憶力と深く関連している

英単語を覚えられないという生徒の特性として記憶力の弱さがあると思います。記憶できる文字数を把握し，予め覚える単語は選んでおいて，繰り返し練習する方が効果的だと思います。

音楽
アルトリコーダーを演奏できるようにする

音が出ない

小学校の時にはソプラノ笛を習っていましたが，中学校になると一回り大きいアルト笛を扱うことになります。同じ笛でも押さえる指穴の場所が違い，手のひらのサイズによっては指穴を塞ぐ動作が難しい場合もあります。また，しっかり指穴を押さえられないと音が不安定になります。

さらに，楽譜が読めない生徒たちにとっては，どの音でどこを押さえればよいのか瞬時に判断できず，授業中に何もできないまま辛い時間を過ごすことになってしまいます。

認知特性に合わせた支援

❶練習曲の楽譜に音階のルビを振る

音符が読めないと練習はできません。音符が読めないと訴える生徒たちが多いので，音階のルビを振った教材を作成し使用しています。

五線の上に音符が書かれている楽譜は情報量が多く，処理が追いつかない場合もあるので，シンプルに音階だけ書かれたプリントを作成します。

音楽科担当と連携し，生徒と話し合いを重ね，一人一人の認知特性に合わせて教材を作成しています。

❷音階と運指イラストをマッチングさせる

音階だけでは，どこの指穴を押さえていいか分からないので，音階と運指イラストをマッチングさせた教材を作成します。

大切なのは，運指イラストをどの向きで作るかです。演奏する生徒たちから見た位置の運指イラストを使うのか，対面から見た運指イラストを使うのか，生徒の実態に合わせて作ります。

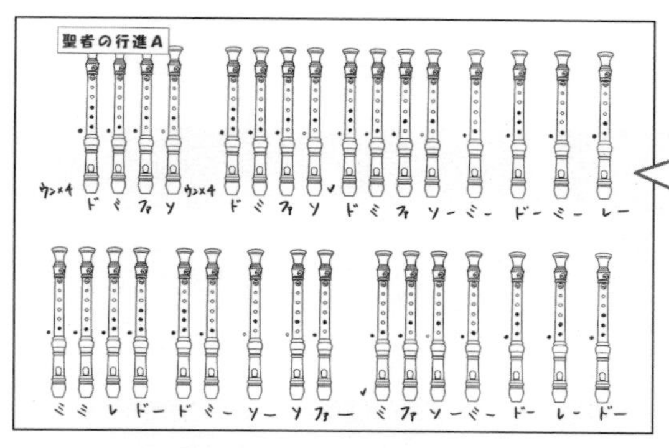

運指イラスト付きの楽譜

この楽譜は，生徒から見た位置からの運指イラストが付いています。

一度にたくさんの情報が入ると混乱する生徒に対しては，折りたたんで提示します。

❸安心して練習ができるようにする

一斉指導の中での練習となると，周りの生徒の出す音に気を取られ集中できない生徒がいます。そのような場合，ある程度演奏できるようになるまで，通級でマンツーマン練習をします。できるようになり，自信が出てきたら，一斉指導に戻します。パフォーマンステスト等，緊張してできない場合も通級でテストが受けられるよう準備しておきます。

自信のないことは集団の中ではできない

「できないのではないか」という不安が強い場合，集団の中で学ぶことは大変難しいようです。認知特性に合わせたスモールステップで練習すると，少しずつできるようになります。１曲仕上げ，一人で演奏ができるようになると，苦手意識はかなり軽減されます。通級以外でも，必要な生徒には特製楽譜をあげるようにしています。

37 対象 他者に合わせるのが苦手

音楽
合唱の練習で友達と声を合わせる

ただ歌うだけではない合唱

合唱では様々なことを要求されます。姿勢の保持，リズム感，音程を取る，発声，周囲と合わせる協調性等々，高度な課題が要求されます。

個のスキルを上げていく

❶特製楽譜を作る

合唱の場合，最初に歌詞を丁寧に指導しています。歌詞の言葉の意味や発音，口形をしっかり教えます。

特製楽譜を作成していくのですが，歌詞はひらがなで書き，その下に口形イラストを入れていきます。口の形が発音や響きに大きく影響するからです。

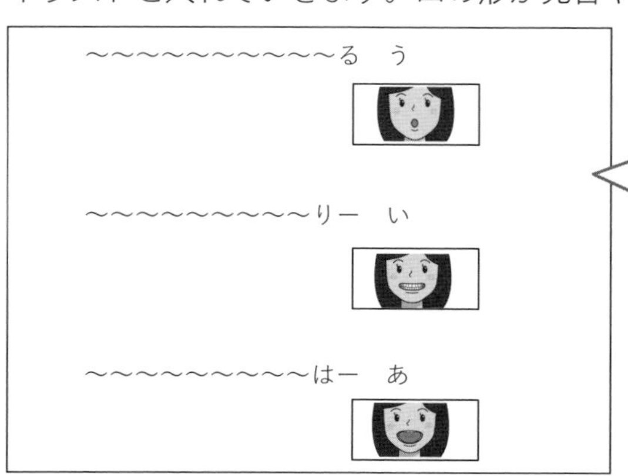

特製楽譜（イメージ）

音楽科の先生からいただいた教材を使って作成しました。この教材を使ってから口形が整い，音程が取れるようになりました。

技能科の授業は教科担当との連携が大切です。

❷歌っている姿をビデオで記録する

歌う時の姿勢，口形，表情等を確認するために，練習の様子をビデオで撮影します。自分の体がどのようになっているのか，口の形は合っているか等，その都度フィードバックしていきます。近くに全身が映る鏡を用意し，姿勢の微調整もしています。

❸声の大きさを合わせる

自分がどれぐらいの声を出しているかという客観的な感覚がないと，周りの声と合わせることができません。声のレベルを可視化して提示するようにしています。また，合唱で気を付けることをイラストにして解説します。

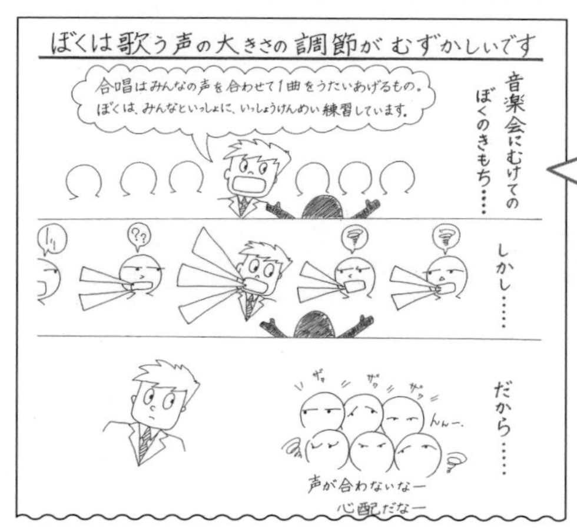

合唱で気を付けること

「自分は頑張って大きな声で歌っているのに周りから注意を受ける」という生徒の訴えを聞き，作成しました。

頑張る＝大きな声を出すと思っているのです。合唱は声を合わせることが重要なので，その違いを教えていきます。

音楽会へつなげる

秋には全校行事として音楽会があります。クラスごとに合唱曲を選定し，本番に向けて練習を積み重ねます。秋までに個の合唱スキルを上げていき，音楽会に自信を持って参加できるように準備していきます。個のスキルが整ってくると不安は軽減していきます。

対象 見通しが持てない

保健体育

長距離走で 自分に合ったペースを見つける

長距離走は苦しい

時代が変わり，保健体育の授業における長距離走の取り組み方も変わってきているように思います。時間を決めて自分の目標に合わせて走り続ける。その中で走る楽しさを味わうスタイルが多くなってきています。

しかし，走ること自体が苦手な生徒たちにとって苦しい単元であることには変わりなく，取り組みやすくする工夫が必要です。

自分の体と対話

❶心拍計を手がかりにする

生徒たちにとって，自分のペースが適正なのか判断しながら走ることは難しいことだと思います。会話ができるくらいのペースでゆっくり走り出し，心身ともに負担をかけないように心がけます。そして，心拍計を見ながら目標の心拍数まで上げていきます。こうして自分のペースを見つけていくのです。

❷周回ごとにカラーゴムを渡す

自分が何周走ったかを数えるのも意外と大変です。スタート地点にカラーコーンを置き，１周走り終わったごとにカラーゴムを渡します。

何周走るか目標が設定されているならば，目標の数だけカラーゴムを渡し，１周するごとにカラーゴムをスタート地点に置いていく方法も使えます。どれだけ走ったかが視覚的に分かるようにしておくと見通しが持て安心です。

❸支援員を付ける

授業中，２人組になり周回数を数えたり，タイムを記録したりする方法を取る先生もいるので，生徒たちが不安を訴えるようであれば支援員が入り込み指導をします。

安心できる先生がいるだけで，苦しいこともチャレンジしようと思えるようになります。生徒によっては隣で伴走してもらいペースを作っています。

❹無理な時は保健室へ

予め養護教諭には生徒の実態を伝えておき，心身ともに苦しくなったら保健室で休ませてもらえるようにしておきます。それだけで気持ちが楽になるようで「苦しくなったら対応してもらえる」という安心感が生徒を支えているようです。

生涯にわたって運動を続けられるように

私は体育大学に進学しましたが，運動は大嫌いです。運動することに対して「辛い，苦しい，怒られる，怖い」というネガティブな思いしか残っていないからかもしれません。そんな私が保健体育の先生になりたいと思ったのは「子どものうちに運動の楽しさを味わって欲しい」と思ったからです。

特に，障害のある子どもたちは，大人になってもスポーツをしているという子があまりいないように思います。体を動かすことが楽しい，気持ちがよいという感覚を知っているかどうかで結果は大きく違うと感じています。

特別支援学級での話ですが，自分に合ったペースで走る気持ちよさを知った子は，学校卒業後も余暇として走ることを続けているケースが多いように思います。地域の大会に参加し，楽しそうに走る卒業生の姿を見かけると嬉しくなります。

39 対象 ボディイメージが持てない・覚えることが苦手・コミュニケーションが苦手

保健体育
ダンスの練習に参加できるようにする

模倣して動くのは苦手

自分の体のイメージがうまく持てていない生徒たちにとって，ダンスを踊るということは苦手なことかもしれません。体の動きがちぐはぐになり，人と違う動きをしてしまう等，周りに馴染めない状況が生まれてしまいます。

また，ダンスの振り付けを覚えるには記憶力が必要です。「次何だっけ？」と立ちすくみ，動けなくなることもあります。

３年間通して取り組むダンス

❶決められたダンスを踊る（１年生）

今では様々なダンス教材が出ていて，NHK の E テレにはダンスの番組があるほどです。生徒たちは，流行りの曲に合わせて楽しく踊りながら体の使い方を学んでいきます。ここで重要なのは，見本となる先生がどう手本を見せるかです。左右が分からないと訴える生徒もいるので，手本を対面で見せるのか，同じ体の向きで見せるのか，生徒によっても理解の仕方が違うということを頭に入れておかなくてはなりません。

また，次の動きを誘導するかけ声も大切です。生徒たちはすぐに動きの模倣ができないので，準備が必要です。

❷自分たちで作品を仕上げる（２年生，３年生）

学年が上がると，グループを作り自分たちで曲を選び，作品を仕上げていきます。ダンスが得意な生徒のいるグループは仕上がりが早いのですが，リーダー的な存在がいないグループとなると練習がうまく進みません。ダンスを踊る以前にグルーピングの問題です。保健体育担当と連携を取りながら，通級の生徒たちが安心して授業に参加できるようにグループの調整をしていきます。

❸支援員の入り込み

生徒たちだけでは練習が難しいケースの時には支援員が入り込みを行います。生徒たちの間を取り持ったり，練習計画を一緒に考えたりする等，主に連絡調整係といったところでしょうか。

授業中だけでダンスが完成しないとなると，休み時間や放課後の練習が必要になります。昼休みに通級で大画面モニターを見ながら一緒に練習することもあります。

❹タブレットを活用する

ダンス練習の様子をタブレットで動画撮影し，すぐに生徒たちにフィードバックするようにしています。自分の動きを客観的に捉えることが難しい生徒にとっては，言葉でアドバイスするよりも動画を見てもらう方が理解しやすいと思います。

練習風景を動画で撮影するということは，授業参加の記録にもなるので，一石二鳥です。

集団圧力とコミュニケーション能力

ダンスの授業では，生徒たちだけの集団で動く場面が多く，高度なコミュニケーション能力が必要となります。集団の中では自然と同調圧力が強くなっていくので，トラブルも増えていきます。単に踊るスキルだけではなく，コミュニケーション能力も求められる単元です。

対象 視覚イメージが持てない

美術
課題が提出できるようにする

決められた課題に取り組むのが苦手

絵を描くことが好きな生徒はたくさんいますが，決められた通りに作品を仕上げなければならないという課題に生徒たちは難色を示します。

先生によって様々な課題が出される

❶自画像

美術担当が授業中に実際にやっていた方法です。

生徒一人一人の写真を画用紙のサイズに拡大コピーしてからカーボン紙でなぞります。カーボン紙は描いている途中でずれることが多いので，ダブルクリップを使って固定しておきます。色塗り作業の時に集中できない生徒に対しては，通級の個室で課題に取り組むことを認めてもらっています。

❷風景画

風景画もどこの部分を切り取って描いたらよいかに悩みます。ずっと同じ場所で描き続けることも大変です。

まず，描きたい風景を選び，デジカメで写真を撮ります。画用紙のサイズに印刷し，描きたいものをピックアップします。そしてざっくりとした構図を決めます。画用紙に描くことに自信がない場合は，カーボン紙を使います。色塗りは先輩の作品を参考にして塗り進めていきます。

❸デザイン系

【レタリング】

教科書の最初に出てくる課題です。やることがはっきりしているので，生徒たちは自力で課題に取り組めます。字のバランスが取りにくい場合は，生徒自ら美術担当に質問し，問題解決をしています。レタリングの課題で通級に抽出する生徒はほとんどいません。

【ゼンタングル】

簡単な模様を繰り返し描くことで抽象絵画を作成するペン画の課題です。ある程度デザインのパターンは例示されているので，自分の描きやすいデザインを選び，組み合わせながら細かく描き続けていきます。集中できない場合は通級で課題に取り組みます。

❹工作系

美術担当から手順が書かれたプリントが渡されます。それを読み進めていくことができない生徒もいます。通級で一緒に手順書を読みながらやるべきことを細かく説明していきます。集団の中では，できる・できないがはっきり進度として表れるので，個別の場所で安心して課題に取り組める方が作品と向き合えるようです。

イメージが持てないと描くことは難しい

ある時，献血のポスターを描く課題が出され，授業中，途方に暮れる姿がありました。課題は通級の時間に取り組むことにしました。まずその子が言ったのは「献血って何？」という言葉でした。献血のイメージが全く持てていなかったのです。そこから献血について調べ，写真やイラストを使って構図を検討し，模写しながら仕上げていきました。頭の中にはっきりとしたイメージがなければ絵で表現できないのです。より具体的なイメージが持てるような視覚的工夫が必要だと思います。

技術・家庭
調理実習に参加できるようにする

何をしたらいいか分からない

通級には家庭用の調理台が設置されています。生徒たちは通級で調理する機会も多く，調理は好きな活動の一つです。しかし，家庭科の調理実習では活動に対して消極的になってしまうことがあります。

個人スキルと集団参加スキルの両方が必要

❶通級で予行練習をする

調理に対しては興味関心があるという生徒は比較的多く，好きな活動ではあるものの，調理実習に対して不安を訴える生徒がいます。調理は好きだけど調理実習は嫌だということなのです。通級で予行練習をすることで自信をつけ，少しずつ不安を軽減させていきます。

❷実習グループを調整する

一人でなら調理ができる生徒も，他の人と協力してやるとなると自信がなく活動に消極的になってしまう場合があります。誰と一緒に活動するかということはとても大事なので，予め希望を聞いてメンバーの調整を行います。そして，いつ，何をするかという具体的な活動の見通しを立てていきます。

❸支援員が入り込む

調理実習では，一斉に生徒たちが動きます。その中でアクシデントが発生する時もあります。通級の支援員がさりげなく入り込むことで，大きな対人トラブルを回避することができます。支援員がいてくれるということが生徒たちの心の支えになっているようです。

❹教科担当による全ての生徒たちへの支援

家庭科担当が調理室を構造化してくれていて，どこに何があるかが明確になっています。また，調理手順もスクリーンに提示されているので活動に見通しが持てます。特別支援学級の生徒たちも実習に参加していますが，混乱することなく授業に参加できています。

全てのカゴに写真が付けられており，どこに何がしまわれているかが一目瞭然の食器棚です。調理室全体が構造化されています。

片付けの際，生徒たちが迷うことはありません。

実習系は人間関係が活動に影響する

一人でならできるのに集団になるとできない…というよりは「活動を自粛する」といった生徒がいます。一斉に人が動くと何をしたらよいか分からなくなりパニックになって動けなくなるのです。

単元に入る最初の段階で個人スキルを見極め，その力を発揮できるよう環境を調整することが最も重要です。

「できる・できない」は人間関係が大きく影響するということを知っておいて欲しいと思います。

対象 不安が強い・手指の巧緻性に課題

技術・家庭

ミシンを扱えるようにする

ミシンの数が足りない

一般的に，一斉指導の授業で使えるミシンは４人に１台程度の割合で，生徒一人がミシンを扱うことのできる時間は少なく，課題が終わらないこともあります。

習ったことをゆっくり身に付けていく生徒たちですので，ミシンに触る時間の長さは技術の習得に影響します。

安心して課題に取り組むために

❶通級で個別指導

通級の備品としてミシンを購入していただきました。おかげで通級の時間にじっくり個人スキルを練習することができるようになりました。

また校内運用により，家庭科担当の先生が通級に来て指導してくださる時間があるので，通常の学級の授業の進度に合わせて練習することができています。

集団の中での作業だと集中できない生徒に対しては，通級で作業をすることも認められています。

❷クラスの中でできる環境を作る

ミシンの数が限られているので，課題に取り組む際，グループになる必要があります。誰とグループを作るかはとても重要で，安心できる環境を優先し，課題に取り組みやすい雰囲気を作っていく必要があります。

また，失敗することを恐れる生徒が多いので，失敗してもリカバリーできるということを具体的に教えておくことも大切です。

❸支援員が入り込む

通級で個人スキルを高め，技術的にはできる力を備えた生徒たちであっても，集団の中で実力を発揮できるとは限りません。集団の中で，グループ活動をする時にはコミュニケーション能力が必要になってきます。同じグループの生徒たちとうまくやりとりができるように，支援員が入り込み，生徒たちの活動を支えます。家庭科担当が一人で40人の作業を把握することはとても大変なことなので，可能な限り支援員が入り込むようにしています。

家庭にミシンがあるとは限らない

近年，各家庭の状況は様々であり，全ての家庭にミシンがあるとは限りません。学校での学びの中で「できた」という経験を増やしていくことは，生徒の人生において大切な財産となります。授業に参加できないということは，生徒にとって経験する機会を奪ってしまうことになります。

通級でミシンを扱う学習をしていく中で裁縫が好きになり，高校の家政科に進学した生徒もいます。経験を広げていくということは進路の選択肢を広げていくことにもつながります。

43 対象 自己理解が難しい・過剰適応

自分のことを知ろう①
無理しないやることリストを活用する

精神的に落ちる時期がある

生徒たちには精神的に落ち込む時期があります。

梅雨や秋の長雨の時，低気圧が来ている時，嫌なことを体験した時期等，様々な理由から活動レベルが低下することがあります。

そのことに気付かず，いつも通りに動こうとすると，余計に悪化してしまうことがあります。

心の状況を可視化する

❶調子のよい時のことを書き出す

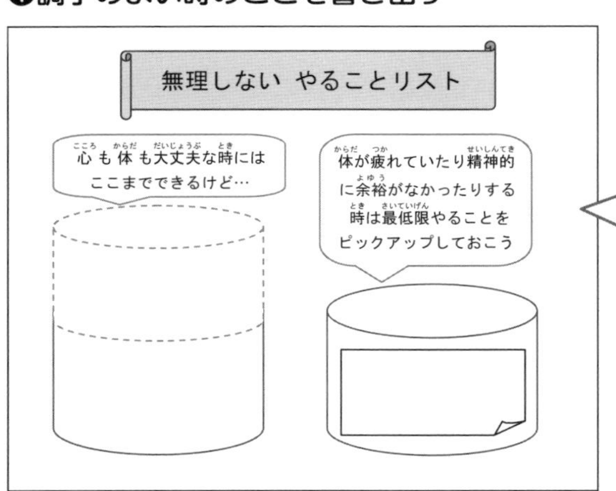

リストの左部分に，理想とする活動レベルを書き出していきます。

書くことで生徒自身が何をしたいかが分かり，情報が共有されます。

無理しないやることリスト

❷最低限やることをピックアップする

今度は，落ち込み時期に「最低限やること」をピックアップしていきます。よい状態の時にできることからやるべきことを削ぎ落としていきます。

この作業で，やりすぎに気付き，活動の量を調節することができます。

❸頑張りすぎない習慣をつける

学校では頑張ることばかり要求されますが，頑張り続けることができない生徒たちもいます。「私はダメなんだ」と頑張れない自分を否定し，精神的に追い詰められていきます。

苦しくなる時期には，通級の教室にこの掲示物が出ます。

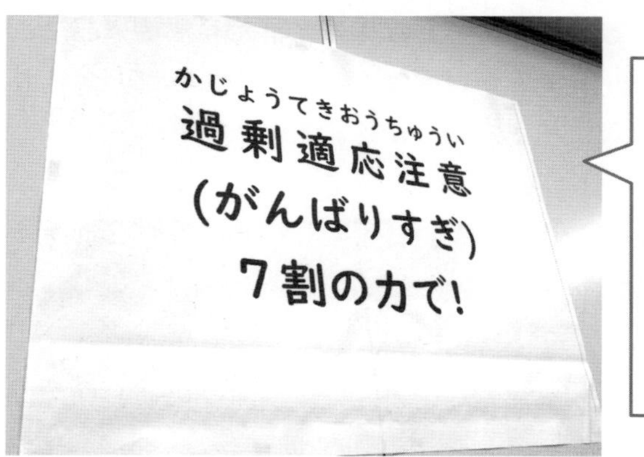

過剰適応注意の掲示物

この掲示物が出ると，先生方も苦しくなる時期です。生徒も先生も互いに「力を抜いて！」と声をかけ，ペースを調整していきます。

通級は心をニュートラルに戻す場所でもあります。

ブレーキを踏む時期もある

生徒をよく見ていると「今日は辛そうだな」とか「何かあったな」と感じる時があります。アクセルを踏むことばかりを教えてしまうと暴走を止められません。少し立ち止まってブレーキを踏むことも必要だと感じています。

通級は単にスキルを学ぶだけの場所ではなく，心身ともにエネルギーを溜めて，次の活動に向き合う準備をする場所でもあります。

自分のことを知ろう②
トリセツを使って行動の意味を説明する

何でそんなことするの？

人と違う行動をすることが多々ある生徒たち。その行動には必ず意味があり，本人たちは大真面目に生活しています。しかし，他の生徒たちから見ると「何でそんなことするの？」とか「何でやらないの？」と不思議に思うことがあるようです。その小さなボタンの掛け違いから誤解や不信感が生まれ，学校生活を苦しいものにしてしまう場合があります。

行動の意味を分かりやすく伝える

❶クラスの生徒の疑問点を聞く

多くの生徒たちに悪気はなく，どう接したらよいか，どう理解すればよいかを悩んでいる場合が多いように思います。

まずは担任がクラスの生徒たちに具体的に聞き取りをしていきます。これは早い段階で行うことをおすすめします。そして，人と違う行動を「問題行動」としないような言葉選びをしなければなりません。この時点で，本人，保護者に取り組みの全容を知らせ，了承を得ることも必要です。

❷本人に行動の意味を聞く

他の生徒たちから挙げられたことについて，担任と通級担当で情報を共有します。行動の意味については必ず本人から聞くようにします。

担任や通級担当でも分からないことがあり，憶測や想像で行動の意味を決めつけてしまうことがないように細心の注意を払います。

❸4コマトリセツ漫画を作成する

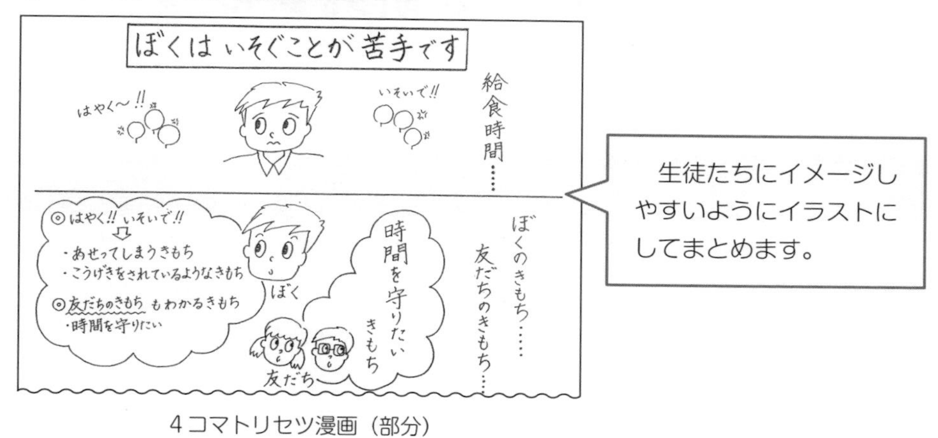

4コマトリセツ漫画（部分）

❹クラスの生徒と共有する

4コマトリセツ漫画を学活の授業中，みんなで共有します。その場に本人がいるかどうかは本人が決めます。「自分で伝えたい」と言う生徒もいます。本人が別の場所への抽出を希望する場合は，担任が説明役になります。

よりよい方法を一緒に考える

周りの生徒たちから「○○さん，早くして！」と言われ，悲しい思いをしていたある生徒さん。クラス内でトリセツが共有されてからは「○分まで待つよ，一緒に行こう！」と，周りの声かけが変わったそうです。

ある意味，生徒たちの方が順応は早く，素直に変化してくれます。

今いる生徒たちが将来大人になり，多様な人々との生活の中で，多様な人々の存在を認め合い，よりよく生きる方法を一緒に考えられる大人になってくれると信じています。

自分のことを知ろう③
自分のいいところを研究する

自分の長所が分からない

入試面接の練習をする際，自分の長所を尋ねられる場合があります。そもそも「長所って何？」というところから入らなくてはいけません。

人から注意や叱責を受け続けてきた生徒たちは「自分にはいいところがない」と思い込んでいる節があります。

他者評価を取り入れる「いいところ探し」

❶２人組になっていいところ探し

話し合い活動が苦手な生徒たちが多いので，まずはじめに２人組を作ってお互いのいいところを探します。それぞれの生徒に色の違う付箋を渡し，いいところを書き出します。いいところがイメージできない場合は「いいところリスト」を提示し，具体例を挙げながら支援します。

誰が書いたか分かるように色別にします。書き損じもあるので，たっぷりの量の付箋を渡しておきます。

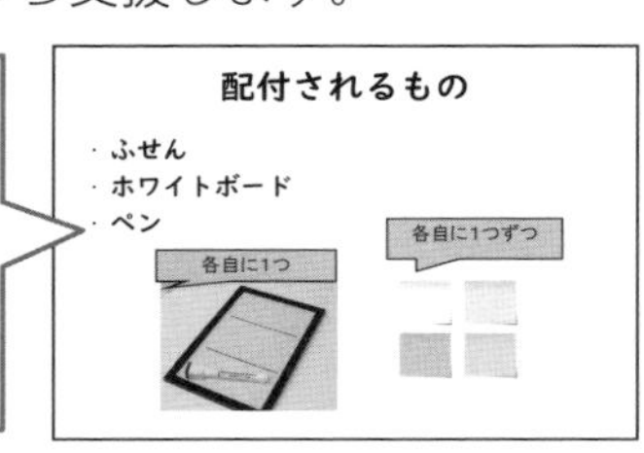

❷少し人数を増やしていいところ探し

２人組で盛り上がってきたら，今度は少しグループの輪を広げていいところを探します。教室の壁面に模造紙を貼り，生徒別に付箋を貼り出すと一斉に確認ができます。

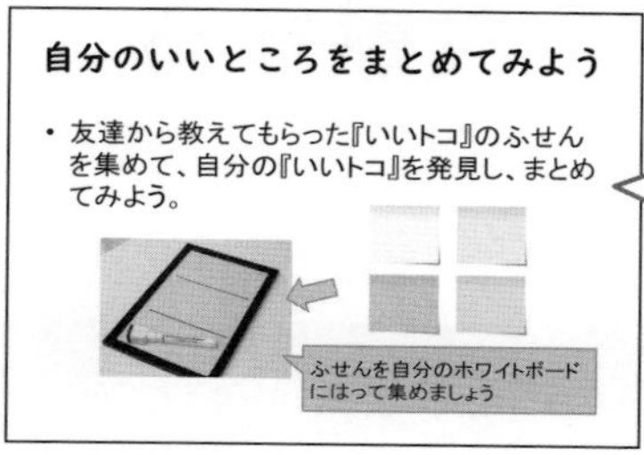

自分のいいところをまとめてみよう

・友達から教えてもらった『いいトコ』のふせんを集めて、自分の『いいトコ』を発見し、まとめてみよう。

ふせんを自分のホワイトボードにはって集めましょう

授業の流れとやることをパワーポイントで提示し，生徒たちに知らせています。
参加人数が増えると混乱するので，見通しを持たせます。

付箋をまとめる

❸自分のいいところを集める

友達が書いてくれたいいところ付箋を回収して，自分の手元にあるホワイトボードに貼っていきます。友達が書いてくれた付箋を嬉しそうに見返している生徒たちの姿が印象的で，授業後も付箋を大切に保管していました。

❹自分のいいところポスター作り

自分のいいところが発見できたら，次は自分のことを客観的に捉える課題です。自分の納得できたいいところをピックアップし，自己分析してポスターを作成します。この作業を通して，生徒たちは素直に自分のよさに気付いたり，認めたりできるようになっていきます。

入試面接に間に合うように

この学習を実施しておくと，自信を持って自分の長所を言うことができるようになります。異年齢の生徒たちと学習できるようにグルーピングすると，3年生がリーダーシップを発揮して活躍してくれます。異年齢の集団だからこそ，通級の生徒たちは固い絆で助け合うことができるのだと思います。できればこの取り組みは幼少期にやっておくことが望ましいと思います。

 対象 感覚過敏がある

自分のことを知ろう④
感覚過敏について学び共感する

見えない刺激に苦しむ生徒たち

教室の中には大勢の生徒がいます。その中で，音，光，匂い等を敏感に感じ取ってしまう生徒たちがいます。日常生活に支障をきたすほどの苦痛を感じることもあり，あまりに酷くなると教室にいることができなくなり，集団不適応になることもあります。

感覚に共感し寄り添う

❶絵本を使って感覚の世界を伝える

感覚は人それぞれで，理解することやイメージすることがとても難しいことなので，生徒たちに分かりやすく説明するために絵本を活用しました。

先生方向けの研修会でもこの絵本を使い，感覚についての説明をするようにしています。

プルスアルハ著『発達凸凹なボクの世界ー感覚過敏を探検するー』（ゆまに書房）

❷自分の感覚について考える

「大きい音がすると頭がキーンとなって痛くなる」「蛍光灯の光が眩しすぎ

る」「白いノートは光って見にくい」「制服を着るともぞもぞする」等，自分の身に起きている辛いことや苦しいことを言葉にしていきます。今では感覚の辛さを軽減するグッズも出回っています。

「mahora ノート」（大栗紙工）
https://og-shiko.co.jp/mahora/index.html

mahora（まほら）ノートは，大阪市生野区にある大栗紙工さんが作っています。発達障害のある人の声から生まれた，みんなに優しい読みやすい，書きやすいノートです。

❸周りの人に理解してもらう

感覚は人には見えないものであり，他者からの理解が得られないこともありました。コロナ禍の時にはマスクをすることができないという生徒もいて，カードを提示したりバッジを付けたりすることで「苦手な感覚があります」とアピールするようにしていました。

まずは共感すること

感覚は人それぞれであり，「気のせいではないか？」と否定されるものではありません。否定された子は「分かってもらえなかった」と心を閉ざし，相談することを諦めてしまいます。

まずは「理解しようとする」「共感する」ことがベースであり，感覚を肯定することから始める必要があります。感覚過敏については科学的にかなり解明されてきているので，研修会に参加してみるのもよいかと思います。

感覚過敏は不安と強く結び付いています。まずは不安を取り除き，環境調整を行います。それと並行して感覚を穏やかにするアプローチを一緒に考え具体的な手立てをしていく必要があります。

47 対象 勉強の仕方が分からない

自分のことを知ろう⑤
自分に合った学び方を検討する

なぜできないのかが分からない

「自分のことが分からない」と嘆く生徒がとても多くいます。

・なぜ他の人が簡単にできるようなことができないのか？
・なぜ勉強をやってもやっても覚えられないのか？
・今度生まれ変わったら頭がよくなりたい…

学校生活の中で，一番困っているのは生徒たちなのです。

個別の知能検査を実施

❶専門家からの検査報告書を確認

個別の知能検査を受けた場合，検査者から検査報告書が作成され，保護者に渡されます。当然テストを受けた本人にも伝えられるのが筋ではありますが，ケースによっては本人に直接伝えられない場合もあるようです。説明時間も短く，質疑応答の時間もなかなか取れないので，テスト結果をしっかりと理解したとまでは言いにくい状態です。そこで，通級では保護者の了承を得て，本人に対して検査報告書の解説をするようにしています。

❷検査結果と実生活の様子をリンクさせる

実生活の中で困っていることは何かをピックアップしてから検査結果を見るようにしています。検査結果の数値だけが独り歩きしないようにするためです。実際の生活の中であらゆることが重なって困りが発生しているので，数値だけで決めつけることのないように慎重に検討しています。

学びの特性を知ろう

支援員さんが作ってくれた教材を使って学習を進めます。

これはWISC-Ⅳ用のプリントです。

使用する教材は，イラストを用いて生徒たちがイメージしやすいように工夫しています。専門用語をいかに簡単な言葉で説明するかがポイントです。

結果と学習場面の行動を合致させて慎重に理解を深めます。

❸助けて欲しいことを考える

検査結果から考えられるリスクを補う方法を具体的に示した教材を使って，助けて欲しいリストを作ります。

このタイミングで合理的配慮についても丁寧に説明します。合理的配慮については学びのカルテにも記入していきます。

学ぶことを諦めさせない

自分の学び方の特性を知るという取り組みは，できるだけ早い段階で始めて欲しいと思っています。

自分に合わない方法で学び続けることはとても辛く苦しいことで，子どもたちは学ぶことを諦めてしまうからです。一度学ぶことを諦めた生徒たちの学習意欲を回復させるにはとても時間がかかります。

個人的には，中学校に入ってきてからでは遅すぎると思います。

対象　意思表示が苦手

気持ちのこと①
ぷるすあるはの教材を使って気持ちを可視化する

自分の気持ちや体の状態を言葉にして伝えることが苦手

生徒たちは自分の心と体の状況に意識を向けることができず，イライラしたり不安になったりすることがあります。自分の気持ちを言語化できないのは辛いことです。通級では「NPO法人ぷるすあるは」（https://pulusualuha.or.jp）の教材を利用して，生徒たちが理解しやすいように気持ちの学習を進めています。

大活躍している教材

生徒たちに無理に話させるようなことはせず，カードやプリント教材を提示して，少しずつ気持ちを共有できるようにしています。

❶ストレスコップ

ストレスコップ

使う頻度が高いプリントです。
自分自身のストレスに気付いていない生徒も多くいます。ストレスになっていることに気付くように細かく丁寧に話を聞いていきます。

イラスト・チアキ／子ども情報ステーション by ぷるすあるは

❷調子を伝えるカード

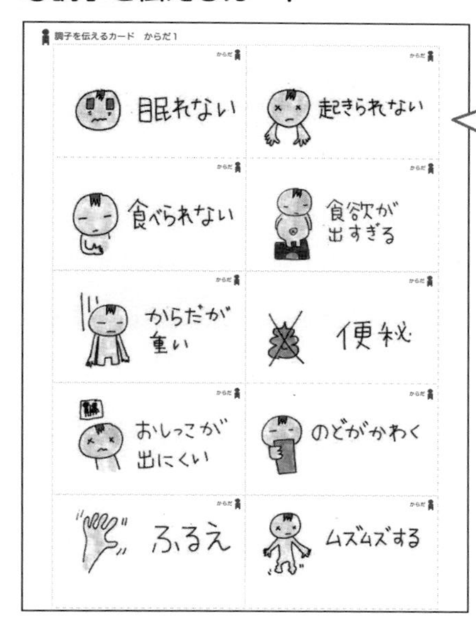

調子を伝えるカード

印刷したカードを切って，種類ごとに分けてカードファイルに入れておきます。いつでも生徒たちが選んで使えるように準備しておきます。

イラスト・チアキ／子ども情報ステーション by ぷるすあるは

❸診察日記

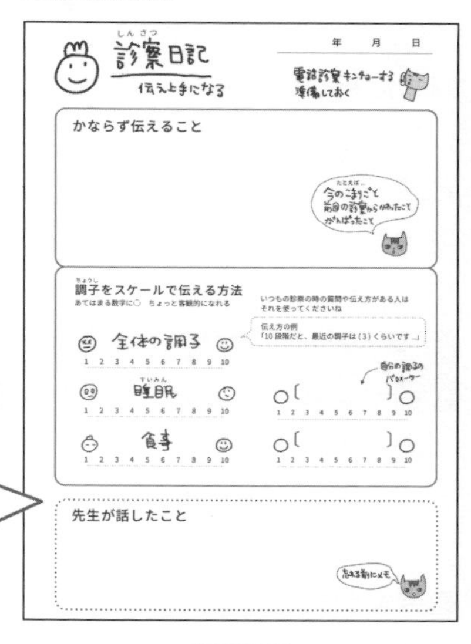

診察日記

受診の際，主治医と話ができる時間はごく限られています。予め話す内容をメモしておき，要領よく状況を伝えられるようにします。主治医からの指示を書き取る欄もあります。

イラスト・チアキ／子ども情報ステーション by ぷるすあるは

誰もが使える教材

ぷるすあるはの HP（https://kidsinfost.net）から，教材は無料でダウンロードできます。気持ちは見えないものですが，可視化して表現しやすいように練習しておくと，心身ともに不調の時に役立ちます。

対象 不安が強い・集団参加が苦手

気持ちのこと②
マイフェイバリットブックで一人時間を楽しむ

集団生活が苦手，怖い

修学旅行の持ち物の準備をしている時，びっくりしたことがあります。

「本を持っていってはいけない」ことです。なぜかというと「せっかくの修学旅行なのだから，友達と関わりなさい」ということなのです。集団生活に不安を抱くASD傾向の生徒たちにとって，初めての慣れない環境下で人と関わるのはとても苦しく辛いことでもあります。「みんなで楽しく」を強要するとかえってストレスが高まり不安が強くなります。

不安軽減のためのグッズ作り

本が持参できないのであれば通級で作成した教材なら持参可能だろうと考え，生徒の不安を軽減させる「マイフェイバリットブック」を作成しました。

❶好きなものを集める

好きなものを眺めている時は心も穏やかになるようです。その特性を利用して，好きなものを徹底的に集めることにしました。

好きなアニメキャラ，芸能人等，本人にとって安心につながるものであれば何でもよいと思います。

❷クリアファイルに素材を入れ込む

A６サイズのクリアファイルを準備し，ダウンロードした画像を印刷してどんどん入れ込んでいきます。A６サイズにしたのは，カバンに入りやすいサイズであり，扱いやすく，目立たない大きさだったからです。目立たないという点も重要だと思います。

マイフェイバリットブック

好きなものを集める作業は楽しく，準備中もわくわくしています。
自分の不安と対峙するのではなく，うまく付き合う方法を考えることは将来にも役立つスキルだと思います。

❸不安な時はいつでも見ていい

生徒たちが不安になる時は，新幹線やバスの中，宿泊先の部屋等でした。

集団生活を余儀なくされる場面です。大勢の中にいても，このブックを見ていれば一人時間を作ることができます。周りにいる生徒たちにも理由を伝え，理解してもらいました。そして「ブックを見ている時，〇〇さんは不安な時」と分かってもらうこともできました。

先輩から後輩へ引き継がれる

この方法は，通級開設の時から使っているスキルです。先輩から後輩へ伝えられ，使い方も引き継がれました。今では通級の支援員となった卒業生がこのスキルを伝授しています。

コミュニケーション①
話し合い場面で SOSを出せるようにする

話し合いが苦手な生徒たち

通常の学級での授業の中で班による話し合い活動が盛り込まれることが多くなりました。

言語によるコミュニケーションに課題がある生徒たちにとって話し合い活動は，言葉でのやりとりを強いられるのではないかと不安が強くなってしまいます。

環境を調整する

❶苦手意識を共有する

話し合いの時にどのような状況になっているのか詳しく調べる必要があります。感覚過敏のある生徒や場面緘黙の生徒がどのような辛さを抱えているのかを丁寧に読み解きます。

例)・あちこちで声がすると聞き取れない。
・考えが浮かばず話せない。自分の考えを相手に知られるのが嫌。
・話すスピードが速すぎて，考えているうちに次の話題になる。等

私たちが思っている以上に苦しい状況に置かれているようです。

❷友達に助けてもらおう

座席をかえてもらおう

・お話をしやすい人を
近くにしてもらう

・話しやすい人は

©fumira

安心して関わることができる友達を同じ班にし，隣に座ってもらうと不安が軽減されます。安心できる友達は誰かを把握しておく必要があります。

座席の配慮

考えている間に次の話題になってしまうということもあるので，隣に座っている生徒が話の内容をホワイトボードに書き，話の流れを解説します。

ホワイトボードの活用

話し合いが苦手な生徒の活動を把握しておくこと

場面緘黙，吃音，難聴，外国籍等々，話すことに対してそれぞれの困り感があり，配慮が必要な生徒たちがいます。話し言葉でのコミュニケーションが難しい生徒がクラスにいるかどうかを事前に把握しておくことがとても大切です。

どのような活動なら無理なく参加できるかを生徒と相談し，話すことを無理強いすることのないよう温かい見守りが必要です。

51 対象 他者理解が難しい

コミュニケーション②
コミック会話，ソーシャルストーリーを活用する

指導方法で変わる生徒たち

生徒たちから話を聞いたり，説明したりする時になかなか伝わらないというもどかしさをずっと感じていました。

通級開設当初，ある研修会に参加して知った２つの方法があります。それがコミック会話とソーシャルストーリーです。ASD の子どもたちに寄り添い，分かるように伝える方法があったのです。

コミック会話を使う場面

❶クラスでの様子を聞く時

クラスには40人以上の生徒が生活しています。休み時間等，生徒たちが一斉に動き回る場面で何かが起こった時，どのような状況だったのかを説明するのは至難の業です。そこでイラストを用い，紙に描きながら会話を引き出していきます。

通級では１年生の段階でコミック会話の方法を指導し，一人１冊スケッチブックを準備しています。

❷いじめの被害に遭った時

「いつ，どこで，誰が，何をした，言った」ということを時系列に沿って話すことはとても難しいことです。「いじめかもしれない報告書」を作成する時もコミック会話を使っています。

ソーシャルストーリーを使う場面

❶初めてのことに取り組む時

ある生徒に体育祭の種目について言葉だけで説明をしていたところ，一生懸命説明しても頑なに参加拒否を訴えます。次の日，研修で習ったソーシャルストーリーを使って説明するとすんなり納得してくれました。伝え方がまずかったと反省しました。その子に合った情報の入れ方，不安を取り除く工夫が必要だったのです。

❷社会的なルールやマナーを説明する時

例えば「人前で鼻くそをほじってはいけない」ということは，ある程度の年齢がいけば自然と理解し行動を調整できることかもしれません。しかし，分かって当たり前と思うような事柄についても特別に説明が必要なことがあります。ケースに応じて教材を作り対応しています。

❸男女交際について

思春期の生徒たちですから恋愛についても興味関心があります。相手の気持ちを察するとか，相手の都合に合わせる等，なかなか難しい部分があります。そこで，男女交際に関したソーシャルストーリーを活用して指導しました。本人に分かりやすい方法で伝えると落ち着いて話を聞いてくれました。

問題行動解決のためだけに使うツールにしない

コミック会話，ソーシャルストーリー等はしっかりと研修を受けてから使用することをおすすめします。間違った方法で生徒たちに使ってしまうと効果がありません。問題が起きた時に頻繁に使ってしまうと負のイメージを持ってしまう可能性があります。あくまで生徒たちに分かりやすく説明する方法の一つとして捉え，正しい理解に基づいて活用してください。

コミュニケーション③
会話に入りやすくする

会話が続かない

生徒たちの中には，自分の興味関心のあることを一方的にずっと話し続けてしまうタイプの子がいます。人の話を聞くのが苦手で，常に自分の話を優先させてしまいます。最近では授業中の話し合い活動が多くなってきているので，会話がうまく続かないと周りから浮いてしまう場合があります。

相手の話を聞く姿勢を教える

❶相槌言葉を教える

話を聞くことが苦手な生徒たちは，相槌を打つ習慣があまりありません。人の話を聞くよりまずは自分の話をしたいので，相槌を打つ暇がありません。人の話を聞くタイミングで相槌を打つ時に使う言葉等をピックアップして具体的に教えます。

❷会話のやりとりのテンポを体感させる

テンポはとにかく慌てないでゆっくりです。先生がゆっくり話すことを意識して会話を始めます。話す順番を明確にしたい場合は，テーブルの上にマグネットを置いておき，マグネットが来たら話をするという流れにしておくとテンポがつかみやすいようです。

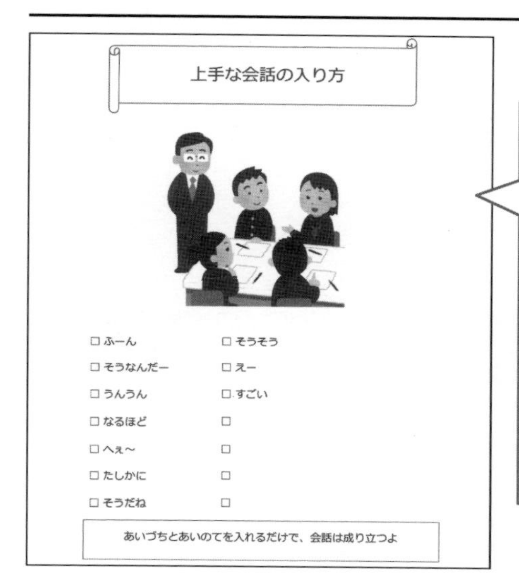

上手な会話の入り方

□ふーん　□そうそう
□そうなんだー　□えー
□うんうん　□すごい
□なるほど　□
□へぇ～　□
□たしかに　□
□そうだね　□

あいづちとあいのてを入れるだけで、会話は成り立つよ

相槌の打ち方を教える

このプリントの使い方は，生徒と先生の２人で会話をする場面を作り，このプリントに書いてあるワードを使えたらチェックしていきます。

先生が意図的にこれらの言葉を使うことにより，生徒も意識して使えるようになってきます。

ここに出ている以外でいい言葉があったら空欄に書いていきます。

❸会話のパターンに気付くこと

会話は相互の言葉のキャッチボールで成り立ちます。一方が暴走していてはうまく噛み合いません。相手との会話のリズムやテンポに意識を向けさせ，うまくいくパターンを自分なりに見つけ出すことで，少しずつ話し合いが成立するようになっていきます。

中には自分の意見や考えを忘れてしまうのが嫌で話し続けるという生徒もいます。この場合は，ノートにメモやアイディアスケッチを残しておくことを提案しています。

話し合い場面で傷つかないように

「私の話を聞いてくれない」と思い込み，傷つくことが多い生徒たち。人と話すことを怖がらなくてもいいように，成功する方法を伝授していきます。

中学入学前までに，会話の成り立ちを説明しておくことをおすすめします。

53 対象 不注意・覚えることが苦手

相談する・助けてもらう①
忘れ物と上手に付き合う

うっかりは誰にでもある

通級では，毎日朝８時から教室を開けて生徒たちを待っています。

「先生，コンパスを貸してください」「ジャージを貸してください」と次々に生徒たちがやってきます。「よかった，助かった！　ありがとうございます」と生徒たちは安堵の表情を浮かべてクラスに戻っていきます。

忘れ物の対応は全校生徒を対象としています。誰でも借りることができるような仕組みにしたのです。誰にでもうっかりはあるからです。

感情論では解決しない，科学的に理解する

❶負の指導は効果がない

忘れ物をすると叱責される，授業に参加させてもらえない，成績に影響する等，生徒たちからすると負の感情を抱いてしまう指導は，全くと言っていいほど効果がありません。それよりも，忘れてしまった後をどう処理するか，問題解決の方法を教えた方がよっぽど生徒の将来に役立ちます。

❷「忘れ物を科学する」 忘れ物を防ぐ工夫

「通級で借りられるから忘れてもいい」ではなく，「どうしたら忘れ物を減らせるか」を一緒に考えることも大切な学習です。忘れ物が続いた場合，担任にあるプリントを渡し，生徒と一緒に考えてもらいます。

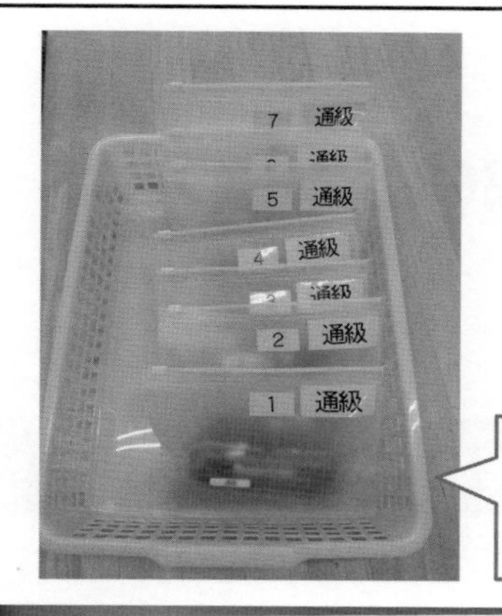

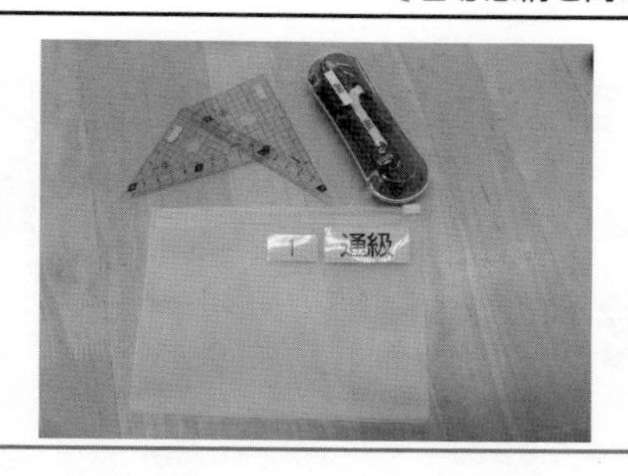

すぐに貸し出せるように袋に入れてスタンバイしています。

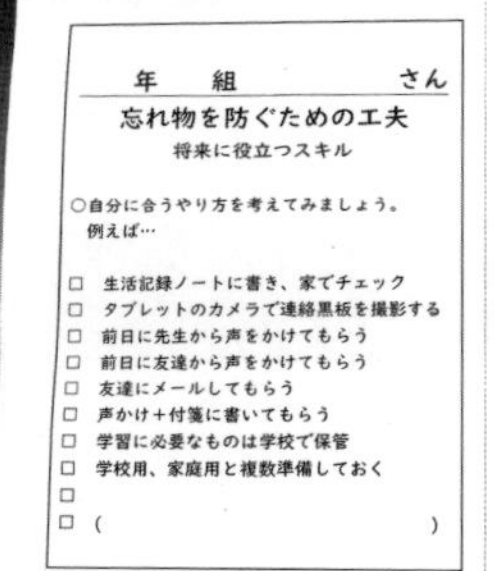

年　組　　　さん

忘れ物を防ぐための工夫

将来に役立つスキル

○自分に合うやり方を考えてみましょう。
例えば…

- □ 生活記録ノートに書き、家でチェック
- □ タブレットのカメラで連絡黒板を撮影する
- □ 前日に先生から声をかけてもらう
- □ 前日に友達から声をかけてもらう
- □ 友達にメールしてもらう
- □ 声かけ＋付箋に書いてもらう
- □ 学習に必要なものは学校で保管
- □ 学校用、家庭用と複数準備しておく
- □
- □（　　　　　　）

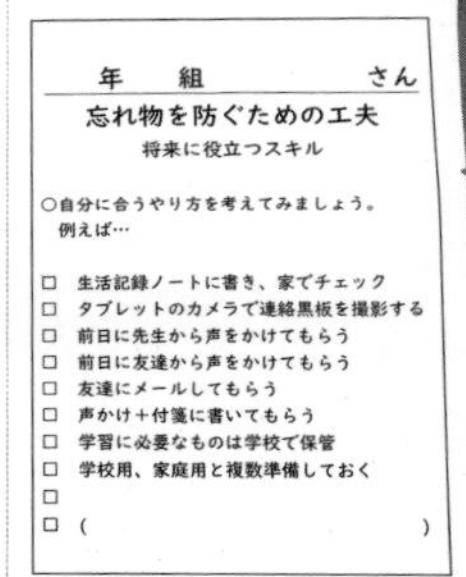

年　組　　　さん

忘れ物を防ぐための工夫

将来に役立つスキル

○自分に合うやり方を考えてみましょう。
例えば…

- □ 生活記録ノートに書き、家でチェック
- □ タブレットのカメラで連絡黒板を撮影する
- □ 前日に先生から声をかけてもらう
- □ 前日に友達から声をかけてもらう
- □ 友達にメールしてもらう
- □ 声かけ＋付箋に書いてもらう
- □ 学習に必要なものは学校で保管
- □ 学校用、家庭用と複数準備しておく
- □
- □（　　　　　　）

担任と考えるプリント

忘れ物が続いた場合に担任に配付するプリントです。生徒と担任が話し合いながら忘れ物を防ぐ工夫を一緒に考えます。情報を共有して欲しいので点線から切り離し，それぞれで保管します。

誰もが安心できる学校へ

忘れ物への対応については，先生方の様々な考えもあり「貸し出すことで甘えが出る」とか「受験の時に忘れたらどうするのか」等，賛否両論でした。

通級の生徒たちを支援していて，17年間，一度も入試でコンパスを忘れた生徒はいませんでしたし，むしろ，忘れ物をした時に助けを求められるようになったことの方が収穫でした。

忘れたくて忘れているのではない，生徒たちは困っているのだという見方をしてくださると学校が安心・安全な場所になっていくと思います。

対象 SOSが出せない・自己理解，他者理解が難しい

相談する・助けてもらう②
いじめかもしれない報告書を作成する

いじめの被害者になりやすい生徒たち

通級を利用する生徒たちの多くは，いじめられた経験があると言います。いじめが発生する仕組みはとても複雑で，周囲の大人に気付かれないよう巧妙な罠が仕掛けてあるのです。

被害を訴えてきたらすぐ対応

❶いじめ対応支援シートを使って聞き取り

生徒が被害を訴えてきたら，速やかに状況を聞き出さなくてはなりません。状況の説明が苦手な生徒たちから正しい状況を説明してもらうために，聞き取りにはコミック会話を使います。

❷いじめに立ち向かうワークブックに取り組む

できるだけ早い段階で「いじめられているあなたは悪くない」というメッセージを伝えなければなりません。そして支援チームを立ち上げます。ワークを完成させる過程でいじめに立ち向かう勇気を育てていきます。

いじめ指導の際，被害者の特性から派生する言動や行動を直させようとすることがあります。それは「ターゲットコーチング」と言い，被害者の自尊心を傷つけてしまう可能性があります。やってはいけない指導の一つです。

❸いじめかもしれない報告書を書く練習をする

いじめに気付くことや正しく状況を理解することは難しく，周囲の大人の適切な支援が必要です。いじめに気付いたらすぐに大人に報告し，対応策を検討する習慣を身に付けていきます。

この練習を行う時には，『いじめに立ち向かうワークブック』（キャロル・グレイ著，服巻智子訳・翻案・解説，クリエイツかもがわ）がとても参考になります。いじめに立ち向かうためのワークが多数掲載されています。「いじめかもしれない報告書」を書くワークシートでは，５Ｗ１Ｈ（どこで？／いつ？／誰が？／何が起こって，何が言えたか…など）に沿って，事実を記入する練習をすることができます。

最初はできなくても，一緒に書いていくうちに自力で子どもたちは書けるようになります。

いじめを生まないためにやっておくこと

「いじめだとは思っていなかった」「そんなつもりはなかった」と加害者は口にします。年度当初から「いじめとはこういうことです」という具体的なイメージを学級で共有しておく必要があると思います。

1　私たちのクラスでは「いじめ」を許しません。
2　友達をからかったり，悪口を言ったりしません。
3　友達を叩いたり，蹴ったりしません。
4　もし，友達がいじめられていたら，（できるならば）止めに入るか，助けを呼びに行きます。
5　グループになって何かを行う時は，誰かが取り残されないようにグループを作ります。
6　転入生がクラスに来た時は温かく迎えます。
7　友達の意見をしっかり聞きます。
8　友達に対して思いやりと尊敬をもって接します。
9　友達のものや学校のものを大切に扱います。
10　友達の良いところを見つけ，違いを大切にします。

アメリカのある学校の資料を参考に作成しました。
いじめとはどのような行動を指すのかということを具体的に示し確認しています。

いじめ防止のポスター

55 対象 不登校傾向・意思表示が苦手

相談する・助けてもらう③ ミライノートで自分の未来を切り開く

不登校の生徒たちの道しるべ

様々な理由で学校に登校できなくなる不登校。学校と家庭の連携は不可欠です。子どもの未来のために，今できることをみんなで協力していくためのミライノート。先が見えないからこそ地図が必要です。

快適な生活環境を作り出す調整

❶生活リズムを記録する

休み始めの頃はまだ昼夜逆転が始まっていないケースがあります。生活リズムを記録することで，食事，睡眠，活動レベルをある程度把握できます。この記録が専門家からの支援を受ける際に役立ちます。

❷学校との関わり方を決める

生徒が休み始めると，学校側は家庭訪問や電話，手紙等で生徒と関わりを持とうとしますが，その行為自体に嫌悪感を抱く生徒が少なくありません。どこまでがよくて，どこからが嫌なのか，キーパーソンは誰がいいのか等，本人，保護者の意思を確認する必要があります。教員がよかれと思ってしたことも，生徒本人のストレスとなるため，感情的な摩擦は最小限に抑えます。

❸やって欲しくないことリスト

家庭内で過ごす時に，本人，保護者双方が気持ちよく過ごすことができるように，予めやって欲しくないことを確認しておいた方がよいと思います。また，やって欲しいことリストも作っておくと支援しやすくなります。

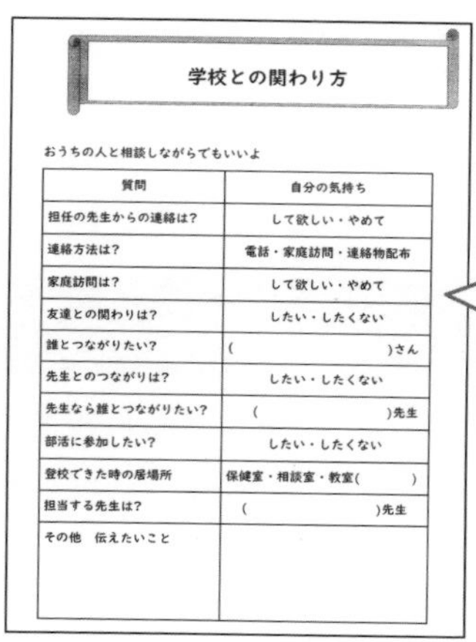

学校との関わり方

おうちの人と相談しながらでもいいよ

質問	自分の気持ち
担任の先生からの連絡は?	して欲しい・やめて
連絡方法は?	電話・家庭訪問・連絡物配布
家庭訪問は?	して欲しい・やめて
友達との関わりは?	したい・したくない
誰とつながりたい?	(　　　　　　)さん
先生とのつながりは?	したい・したくない
先生なら誰とつながりたい?	(　　　　　　)先生
部活に参加したい?	したい・したくない
登校できた時の居場所	保健室・相談室・教室(　　　)
担当する先生は?	(　　　　　　)先生
その他　伝えたいこと	

やって欲しくないことリスト

やって欲しくないことをピックアップしておき，○を付けるだけで記入できるようにしています。

生徒だけでなく，保護者の意向もあれば記入していきます。

❹嫌だったことを書く

嫌だったことを誰かに話したり，書いて伝えたりすることはなかなか難しく，時間がかかるようです。

無理に聞き出したりせず，時間が経過して書けるようなら書くぐらいの気持ちでいいと思います。いじめが原因の場合，かなり時間が経過しないと本人が語れない場合が多いように思います。

ミライノートを使った生徒たち

日々の生活を記録していくことで，体調や気持ちの変化が分かりやすくなりました。家庭での生活が少しでも安定するように，食事と睡眠がうまくいかなくなった時には医療機関につなげることもありました。

ミライノートを使った生徒たちはゆっくりではありますが，次のステップに歩き出しています。

56 対象 意思表示が苦手・SOS が出せない

相談する・助けてもらう④
子どもの権利条約を学び，自分の権利を守る

「子どもの権利条約」

子どもたちは自分に与えられた権利を知りません。それは誰にも教えてもらっていないからです。自分に合った学び方で学ぶことができることも知りません。

子どもの権利条約の学び方

❶家庭の状況を把握する

子どもには様々な家庭環境があるので，扱う内容を慎重に選ぶ必要があります。家庭調査票等を確認し，状況を把握してから丁寧に指導していきます。

❷子どもの権利条約　4つの原則を学ぶ

この４つの原則を学びながら「子どもは大切に守られる存在である」ということを少しずつ自覚していきます。

4つの原則（文章：はし＠子どもの権利　イラスト：たきれい　より）

❸一つ一つ条文を読み，付箋を貼る

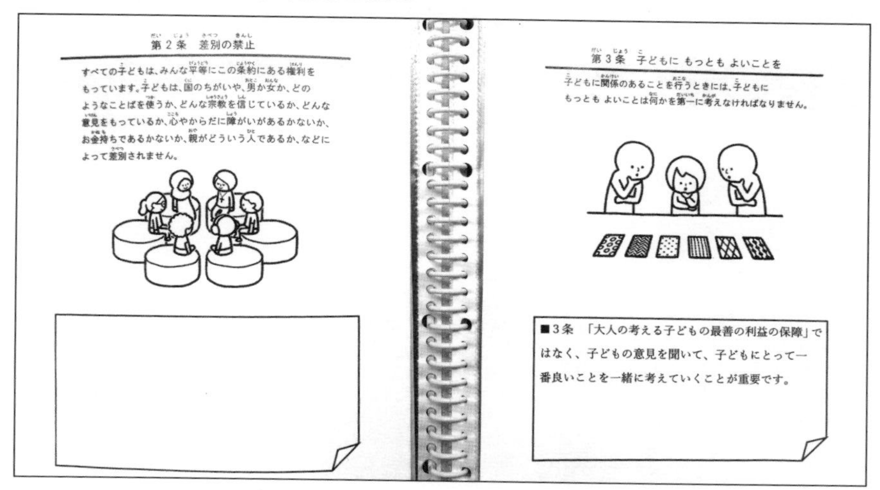

条文ごとのワークシート（文章：はし＠子どもの権利　イラスト：たきれい　より）

条文ごとに何も書いていない吹き出しを入れています。自分に関係の深い条文については詳しく調べたり，自分の考えを書いたりしてまとめていきます。

❹条文を10個選ぶ

自分にとって大切だと思った権利を10個ピックアップし，自分の考えをワークシートに書き加えます。

あなたは守られる存在であるということ

「全ての子どもは誰も奪うことができない人間としての権利を持っているということ。子どもは大切に守られる存在であるということ」。このことをしっかりと伝えた上で，学校生活をスタートさせたいと思っています。

理不尽な扱いを受けた時，自分の意思を表明できるように，義務教育が終わるまでにはきちんと教えたい内容です。

57

教室レイアウト・備品等
学校の中に安心・安全な居場所を作る

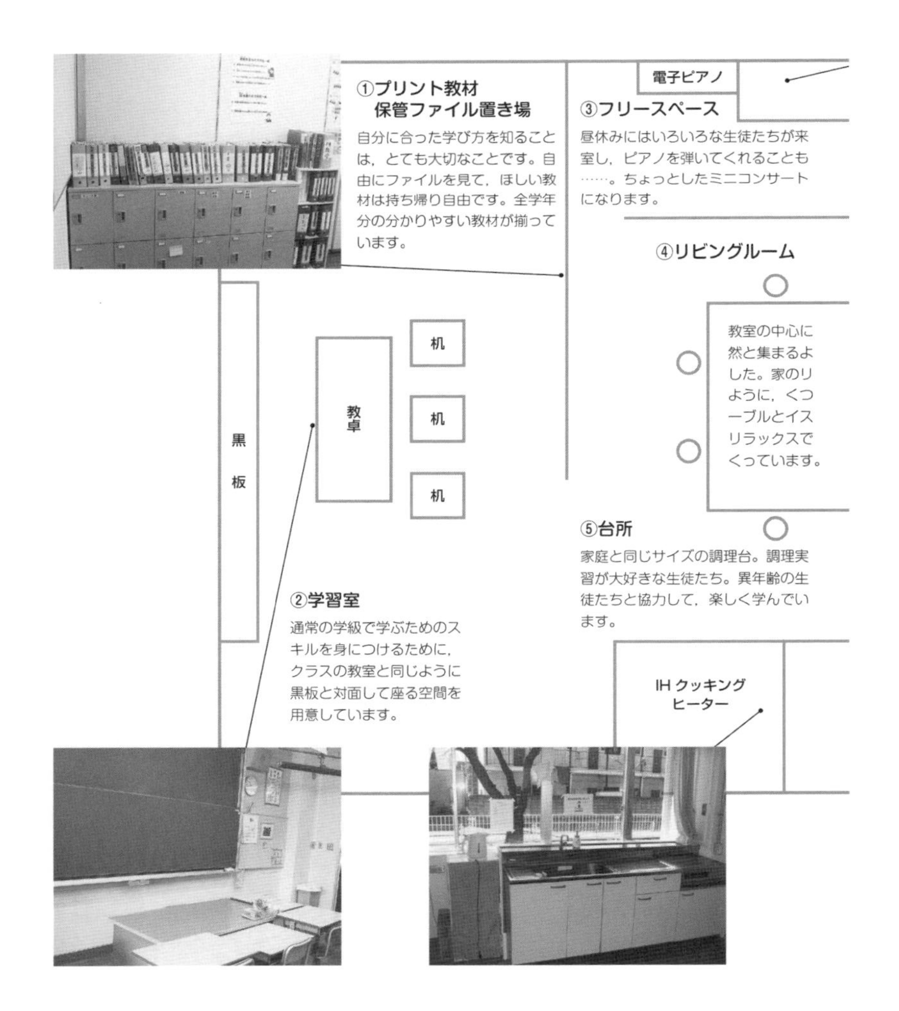

できるだけ色のトーンを揃え，温かい雰囲気を作るように心がけました。家庭用シンクがあるのも特徴的で，IH クッキングヒーターが設置されています。家庭的な雰囲気を味わうことができるようにしました。

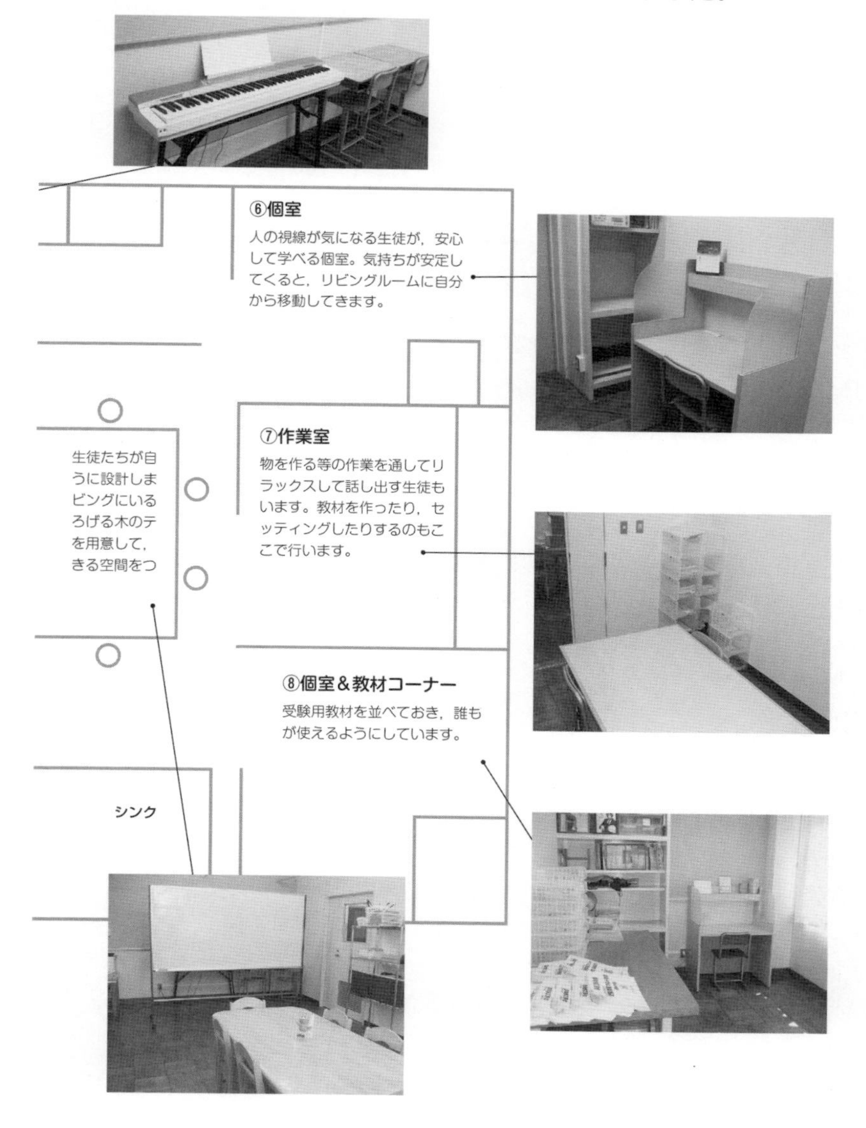

参考文献

・上野一彦著『LDとディスレクシア　子どもたちの「学び」と「個性」』講談社　2006

・キャロル・グレイ著　門眞一郎訳『コミック会話　自閉症など発達障害のある子どものためのコミュニケーション支援法』明石出版　2005

・キャロル・グレイ編著　服巻智子監訳　大阪自閉症研究会編訳『ソーシャル・ストーリー・ブック　書き方と文例』クリエイツかもがわ　2005

・キャロル・グレイ著　服巻智子翻訳『お母さんと先生が書く　ソーシャルストーリー［TM］　新しい判定基準とガイドライン』クリエイツかもがわ　2006

・キャロル・グレイ著　服巻智子訳・翻案・解説『いじめに立ち向かうワークブックー考え方とどうすべきかを学ぶー』クリエイツかもがわ　2009

・キャロル・グレイ著　服巻智子訳・翻案・解説『発達障害といじめ　“いじめに立ち向かう”10の解決策』クリエイツかもがわ　2008

・プルスアルハ著『発達凸凹なボクの世界ー感覚過敏を探検するー』ゆまに書房　2015

・法律監修・文章担当　はし＠子どもの権利　イラスト担当　たきれい『性の絵本７　子どもの権利条約』（株）キンモクセイ　2021

・小貫悟・名越斉子・三和彩著『LD・ADHDへのソーシャルスキルトレーニング』日本文化科学社　2004

・いおり著『元不登校（７年間）の僕が不登校を解説します』（株）キンモクセイ　2021

【監修者紹介】
川﨑　聡大（かわさき　あきひろ）
立命館大学産業社会学部　人間福祉専攻　教授

【著者紹介】
三富　貴子（みとみ　たかこ）
埼玉県熊谷市立富士見中学校発達障害・情緒障害通級指導教室担当
特別支援教育士，公認心理師
平成27年度　埼玉県優秀な教職員（はつらつ先生）表彰
平成28年度　文部科学大臣優秀教職員表彰
平成19年度から21年度まで，文部科学省指定研究開発学校（特別支援教育）の研究に携わる
平成19年度から埼玉県公立中学校で初めて設置された発達障害・情緒障害通級指導教室の担当者となる
通級開設以来「自分らしい学び方を追求する通級」を目指し，学ぶことを諦めさせない指導を続けている
（分担執筆）柘植雅義監修／小林靖編『［中学校］通級指導教室を担当する先生のための指導・支援レシピ』（明治図書）他

［中学校］通級指導教室担当の仕事スキル
「学びの保健室」となり生徒に自信を育むコツ

2024年4月初版第1刷刊　©監修者　川　﨑　聡　大
2024年8月初版第2刷刊　著　者　三　富　貴　子
発行者　藤　原　光　政
発行所　明治図書出版株式会社
http://www.meijitosho.co.jp
（企画）佐藤智恵（校正）武藤亜子
〒114-0023　東京都北区滝野川7-46-1
振替00160-5-151318　電話03（5907）6703
ご注文窓口　電話03（5907）6668
＊検印省略　組版所　株　式　会　社　木　元　省　美　堂

Printed in Japan　ISBN978-4-18-321931-2